Jardins
d'ombre et de lumière

Photographie : Albert Mondor, sauf pour les photos des pages 102, 109 et les photos 2, 5, 6, 7, 8, 9, 10, 11, 12, 17, 18, 19, 27, 28 et 29, qui sont de Gérard Dea.
Maquette intérieure : Josée Amyotte
Infographie : Johanne Lemay
Révision : Nicole Raymond
Correction : Céline Bouchard

Données de catalogage avant publication (Canada)
Mondor, Albert
Jardins d'ombre et de lumière
(Jardiner avec Albert Mondor)

1. Culture à l'ombre. 2. Plantes sciaphiles. 3. Horticulture d'ornement – Québec (Province). I. Titre. II. Collection : Mondor, Albert. Jardiner avec Albert Mondor.

SB434.7.M66 1999 635.9'543 C99-940173-4

Pour en savoir davantage sur nos publications, visitez notre site: **www.edhomme.com**
Autres sites à visiter: www.edjour.com · www.edtypo.com
www.edvlb.com · www.edhexagone.com · www.edutilis.com

Dépôt légal : 1er trimestre 1999
Bibliothèque nationale du Québec

ISBN 2-7619-1473-2

DISTRIBUTEURS EXCLUSIFS:

- Pour le Canada et les États-Unis :
  MESSAGERIES ADP*
  955, rue Amherst,
  Montréal, Québec
  H2L 3K4
  Tél. : (514) 523-1182
  Télécopieur : (514) 939-0406
  * Filiale de Sogides ltée

- Pour la Belgique et le Luxembourg :
  PRESSES DE BELGIQUE S.A.
  Boulevard de l'Europe 117
  B-1301 Wavre
  Tél. : (010) 42-03-20
  Télécopieur : (010) 41-20-24

- Pour la Suisse :
  DIFFUSION: HAVAS SERVICES SUISSE
  Case postale 69 - 1701 Fribourg - Suisse
  Tél. : (41-26) 460-80-60
  Télécopieur : (41-26) 460-80-68
  Internet : www.havas.ch
  Email : office@havas.ch
  DISTRIBUTION: OLF SA
  Z.I. 3, Corminbœuf
  Case postale 1061
  CH-1701 FRIBOURG
  Commandes: Tél. : (41-26) 467-53-33
  Télécopieur : (41-26) 467-54-66

- Pour la France et les autres pays :
  INTER FORUM
  Immeuble Paryseine, 3, Allée de la Seine
  94854 Ivry Cedex
  Tél. : 01 49 59 11 89/91
  Télécopieur : 01 49 59 11 96
  Commandes: Tél. : 02 38 32 71 00
  Télécopieur : 02 38 32 71 28

ALBERT MONDOR

Jardins d'ombre et de lumière

JARDINER AVEC ALBERT MONDOR

LES ÉDITIONS DE L'HOMME

REMERCIEMENTS

Si j'ai écrit ce livre avec autant d'énergie et de plaisir, c'est grâce à l'amour de tous ceux que la vie a mis sur mon chemin. Ce premier livre est dédié à ma mère, Solange, à mon père, Serge, et à sa femme, Gilberte, qui m'ont appris à faire les choses en cherchant toujours la perfection, ainsi qu'à mon oncle Pierre et à ma tante Sonia, qui m'ont transmis la passion de l'aménagement paysager.

Je tiens à remercier plus particulièrement Pierre Lespérance, Jacques Laurin et leur équipe pour la réalisation de ce livre, ainsi que Raynald Gagné pour ses précieux conseils.

Je veux également témoigner ma reconnaissance à Gaétan Deschênes et Hélène Vaillancourt qui m'ont fait partager leurs expériences et leurs connaissances en horticulture ; à Roch Giguère et Céline Doyon qui m'ont fait connaître de fantastiques horticulteurs et leurs superbes jardins ; à Jean-Pierre Devoyault et son équipe qui m'ont été d'une aide précieuse pour la photographie et l'identification de plusieurs végétaux, ainsi qu'à mon ami Gérard Dea pour son aide et ses photos ; nos discussions sur l'aménagement paysager m'ont beaucoup inspiré.

Merci à Normand Ducharme qui m'a guidé dans mes premières expériences en enseignement à l'Institut de technologie agro-alimentaire de Saint-Hyacinthe ; à Rolande Perro et Louis-Pierre Girard de l'Institut FORMAT pour leur aide en communication ; à Serge Arsenault, Michel Chamberland et l'équipe de Serdy Vidéo, qui me donnent l'opportunité de m'exprimer devant la caméra et qui m'ont fait connaître du grand public ; à Claude Leclerc, de Publicor, et son équipe qui m'ont appris la communication écrite et m'ont permis de diffuser ma pensée dans leurs magazines ; à René Paquet et Thérèse Tourigny pour leur amitié et leurs conseils d'imprésarios, et grâce auxquels je donne des conférences partout au Québec.

Soyez tous assurés de mon amitié et de ma gratitude.

Astilbe de Chine 'Intermezzo' (Astilbe chinensis *'Intermezzo'*), *platycodon 'Mariesii'* (Platycodon grandiflorus *'Mariesii'*) *et, à l'arrière-plan, monarde 'Blaustrumpf'* (Monarda didyma *'Blaustrumpf'*, syn. *'Blue Stocking'*).

Une vision personnelle de l'aménagement paysager

Alors que j'étais encore tout jeune, j'allais passer mes étés chez ma tante et mon oncle qui possédaient une pépinière dans la région des Bois-Francs. Bien que ce séjour coïncidait avec la période des vacances scolaires, je prenais beaucoup de plaisir à travailler manuellement. Un jour, voyant mon intérêt pour les plantes, mon oncle m'amena avec lui sur un chantier d'aménagement paysager. Cette journée fut pour moi une révélation. Je me rappelle avec émotion mes premiers balbutiements dans la construction d'un muret de pierres plates et la plantation de mes toutes premières potentilles! Je n'avais pas tout à fait 12 ans que déjà, une intense passion se révélait à moi: la créat on de jardins.

Non seulement cette passion ne m'a jamais quitté, mais en plus, elle m'a carrément consumé. Aujourd'hui, je ne vis pratiquement plus que pour l'horticulture. J'écris, j'enseigne, je donne des conférences, je fais des chroniques radio et télé, mais ce qui m'exalte par-dessus tout, c'est ma propre entreprise d'aménagement paysager qui me permet de concevoir et de réaliser des jardins privés. Je ne suis toutefois pas le seul à pratiquer l'horticulture. La Fédération des sociétés d'horticulture et d'écologie du Québec compte actuellement plus de 66 000 membres et, que ce soit de façon assidue ou occasionnelle, près de 2 millions de Québécois jardinent! Dans le contexte socio-économique actuel, investir dans un aménagement extérieur est donc devenu une priorité pour un grand nombre de personnes.

Depuis quelques années, je m'intéresse particulièrement à ce qui fait la réussite d'un aménagement paysager; j'analyse les éléments qui entrent dans la fabrication d'un jardin où il fait bon vivre. Je crois personnellement que cette réussite repose en majeure partie sur les végétaux qu'on y plante et sur la façon dont on les dispose les uns par rapport aux autres. Certaines plantes s'associent mieux que d'autres parce qu'elles se complètent. Au fur et à mesure qu'un jardin vieillit, il se développe et se modifie ; les plantes qui le composent s'établissent à des rythmes différents et exigent de fréquentes révisions sur la façon dont elles sont associées. J'ai appris que ce n'est qu'après plusieurs années d'expérimentation qu'on peut en arriver à un résultat vraiment satisfaisant. Le jardinage est donc pour moi un processus d'apprentissage constant.

Observer l'évolution d'un jardin et avoir à en modifier l'aménagement chaque année constituent une source intarissable de plaisir. Cependant, bien que la réussite d'un jardin soit surtout basée sur l'expérimentation, nous cherchons tous à obtenir des conseils qui nous permettront d'évoluer plus rapidement en évitant les erreurs. Ce livre ne pourra pas remplacer l'expérimentation ; ce serait à la fois un peu triste et trop simple. Nos expériences de vie, nos besoins, nos émotions et notre imagination sont des moteurs essentiels à la création d'un jardin original et personnalisé. Je crois cependant que ces pages vous aideront à saisir les principes qui régissent la réalisation d'un aménagement paysager et vous amèneront ensuite à développer un style particulier que vous pourrez intégrer dans la création de votre propre jardin. J'espère en fait que ce document vous inspirera et vous permettra de réaliser une foule de projets.

Plusieurs jardiniers préfèrent cultiver une plante parce qu'elle est rare ou parce qu'elle est belle. Mais il est aussi possible de cultiver une plante pour sa forme, la texture de son feuillage ou la couleur de ses fleurs. La plante devient alors un outil permettant de créer une scène, un tableau. Il est certain qu'une collection de plantes est fort agréable à regarder. Dans un jardin, j'aime mieux être entouré d'une composition de couleurs, de formes et de textures où chaque plante joue un rôle bien défini et contribue à un ensemble. Penelope Hobhouse, horticultrice anglaise de renom, disait: «Comme un sculpteur ou un peintre agence les formes et les couleurs, le jardinier assemble les plantes.» Chaque jardinier est donc un artiste qui, par son jardin, offre aux observateurs une image de grande beauté et leur communique des sentiments, des émotions.

Qu'il soit formel ou naturel, un jardin n'est pas fait pour ressembler à la nature. Tous les jardins sont artificiels. Cela ne veut pourtant pas dire qu'on ne doit pas s'inspirer de la nature. Cette nature, qui fait si bien les choses, devrait toujours être un guide dans la réalisation d'aménagements paysagers. Mais un jardin reste un laboratoire où il est possible de faire les essais les plus fous et où l'imagination n'a de limites que celles qu'on veut bien lui donner.

Coquelourde 'Atrosanguinea' (Lychnis coronaria *'Atrosanguinea'*), *mauve musquée* (Malva moschata) *et, à l'avant, campanule bisannuelle* (Campanula calycanthema).

PREMIÈRE PARTIE

Jardins d'ombre

L'OSSATURE DU JARDIN

Il est très difficile de créer un jardin sans un plan d'organisation précis. Même les aménagements les plus naturels ou les plus fous demandent une planification cohérente permettant de bien relier entre eux tous les éléments qui les composent. Certains végétaux, principalement les arbres, sont des éléments indispensables à la réussite d'un aménagement paysager. Bien utilisés, ils constituent l'ossature, la charpente d'un jardin; ils permettent de le personnaliser et d'y créer l'atmosphère voulue.

Une présence essentielle

Les arbres sont de formidables organismes vivants. Leur présence dans notre environnement est non seulement très bénéfique, mais elle est absolument essentielle. Ils sont en outre de véritables usines. En plus d'absorber des éléments nutritifs et du gaz carbonique (CO_2), un spécimen mature peut, par une chaude journée d'été, puiser jusqu'à 225 litres d'eau dans le sol ! Se servant de l'énergie du soleil, il transforme ensuite ces éléments en sucres. Et le plus merveilleux est que ce processus s'accompagne d'une libération d'oxygène (O). Certains gros arbres peuvent produire jusqu'à 1,7 mètre cube d'oxygène par jour !

Les arbres ont donc pour rôle de dépolluer l'air du gaz carbonique produit par la combustion des carburants et par la respiration des êtres vivants. Un avion qui fait la liaison Montréal-Paris consomme environ 55 tonnes d'oxygène. Il faut approximativement une heure à un peu plus de 24 000 arbres pour produire la même quantité d'oxygène.

Les arbres sont également source d'une foule d'autres bienfaits. D'abord, ils dépolluent l'atmosphère des poussières et des substances chimiques qu'elle contient; ils sont particulièrement efficaces pour capter le plomb et les oxydes de soufre. Ils ont également un effet sur la température. Les espaces boisés sont en fait des régulateurs du climat, puisqu'ils limitent les écarts de température entre le jour et la nuit et ralentissent les effets du gel et du dégel en agissant comme brise-vent. Ils servent aussi d'écrans visuels et antibruit. Finalement, ils maintiennent le sol en santé et empêchent son érosion grâce à leurs racines. Il y a quelques années, les rives du fleuve

En conservant et en mettant en valeur les arbres qui existent déjà sur votre terrain, vous économisez temps et argent, mais surtout, vous contribuez à améliorer l'environnement et le paysage d'un quartier qui se développe. ▶

Betsiboka, situé sur l'île de Madagascar, ont été complètement déboisées. Comme les arbres n'étaient plus là pour retenir le sol, une grande partie de la terre s'est retrouvée dans les eaux du fleuve. Pendant des mois, ce grand cours d'eau a débordé anormalement et a charrié des tonnes de terre jusqu'à l'océan Indien. Je me souviens d'avoir vu une photo prise à partir d'un satellite qui présentait le fleuve complètement brun contrastant sévèrement sur le bleu de l'océan.

Des arbres à conserver

Avant de planter de nouveaux arbres sur un terrain, il faut tenir compte de ceux qui sont déjà en place. Lors de la construction d'une maison, par exemple, mieux vaut bien observer l'environnement avant le début des travaux.

D'abord, vous aurez probablement quelques difficultés à faire comprendre à l'entrepreneur qu'il doit conserver certains arbres, surtout s'ils sont placés en façade. Certaines municipalités imposent une amende à ceux qui coupent des arbres, mais plusieurs entrepreneurs préfèrent les enlever quand même, prétextant qu'un terrain complètement dégagé permet d'accélérer les travaux. Cependant, un entrepreneur consciencieux et faisant preuve de professionnalisme saura composer avec les arbres en place. Il prendra d'abord soin de protéger leur tronc pour éviter les blessures et, dans certains cas, il établira même un périmètre de sécurité autour des arbres pour éviter la compaction du sol et des racines.

Il est toutefois préférable d'éliminer les arbres situés à moins de 4 mètres de l'emplacement des fondations de votre maison. D'abord, leurs racines risquent d'être arrachées lors de la construction des fondations. Ensuite, bien que les radicelles ne puissent percer des fondations saines, elles pourront éventuellement pénétrer dans une fissure et, en grossissant, faire éclater une partie du béton.

Par ailleurs, pour prévenir le dépérissement des arbres laissés en place durant les travaux de construction d'une maison, il est essentiel de ne pas modifier le niveau du sol situé à leur base. Pour éviter qu'il ne pourrisse, le collet d'un arbre — l'endroit où les racines se fixent au tronc — ne doit jamais être enterré. Quelques espèces, dont les érables (*Acer* spp.) et les frênes (*Fraxinus* spp.), peuvent tolérer que la surface du sol soit relevée d'une dizaine de centimètres au plus. En revanche, les conifères ne tolèrent pas la moindre terre placée sur leur collet.

Si vous désirez conserver un boisé situé sur votre terrain, il est alors préférable d'éliminer seulement les arbres morts et malades et de garder tous les autres, qu'ils soient petits ou grands. Les arbres de toutes tailles se soutiennent et se protègent les uns les autres contre l'effet des vents.

Malheureusement, lorsqu'on éclaircit un boisé, certains vieux arbres laissés seuls dépérissent assez rapidement. Il arrive par ailleurs souvent que les jeunes arbres supportent mieux les changements environnementaux que les plus vieux.

La charpente d'un aménagement paysager

Une cour peut être considérée comme une pièce sans toit ayant comme limites les murs de la maison, les clôtures, les haies et les plantations. Il est essentiel que quelques arbres soient plantés dans un tel espace, car ce sont principalement eux qui donnent au jardin sa véritable structure. En plus de dissimuler certains éléments environnementaux indésirables, ils donnent un sentiment d'intimité et de sécurité ; ils forment en fait une sorte d'enceinte qui protège les occupants du jardin. Ils ont également une grande influence sur l'espace puisqu'ils suggèrent les limites d'un aménagement et en dégagent les perspectives. Ils forment donc un cadre dans lequel les autres végétaux sont ensuite insérés.

En façade, les arbres doivent être placés en des points stratégiques. Il est préférable qu'ils encadrent la maison de façon à la mettre en valeur et à en

◄ *Les arbres permettent de personnaliser un jardin et de lui donner une atmosphère agréable, une ambiance propice à la détente et au bien-être.*

Amélanchier du Canada,
***Amelanchier canadensis,* zone 2b**

L'amélanchier du Canada est un grand arbuste indigène au Canada qui atteint environ 3 mètres de haut ; il peut cependant être élevé en arbre et atteindre près de 6 mètres. Il s'adapte bien à plusieurs types de sols situés au soleil ou à l'ombre moyenne. L'amélanchier du Canada devrait être placé en évidence dans un jardin puisqu'il est attrayant une grande partie de l'année. Parfois dès la fin d'avril, à peine ses jeunes feuilles ouvertes, il se couvre de magnifiques fleurs blanches. Plus tard apparaissent de petits fruits rouges qui prennent une teinte noire vers la fin de juillet. À l'automne, son feuillage devient flamboyant alors qu'il se colore de jaune, d'orange et de rouge.

adoucir les angles. Ils peuvent même, dans certains cas, en camoufler les défauts. Plutôt que de cacher votre résidence en plantant des arbres au centre de la façade, il est plus avantageux de les placer sur les côtés pour que la porte d'entrée principale soit bien visible. Cela ne veut pas dire

A

B

pour autant qu'il est absolument nécessaire de disposer les arbres de façon symétrique. Vous pouvez très bien créer un équilibre asymétrique en plaçant, par exemple, un arbre d'un côté de votre demeure, et de l'autre côté, mais un peu plus près de la rue, deux arbres aux dimensions plus restreintes (illustrations A et B).

Grâce aux arbres, il est également possible de créer des effets visuels. En les plantant assez près de la rue, donc le plus près possible des yeux des observateurs, vous créez un effet de perspective qui donne l'impression que votre façade est plus vaste qu'elle ne l'est réellement. De façon générale, les arbres dont la couronne est étroite et érigée focalisent le regard vers le haut et amplifient l'impression de hauteur. Ces arbres s'harmonisent parfaitement aux maisons très hautes ou encore à plusieurs résidences modernes qui possèdent des détails architecturaux pointant vers le ciel. Les arbres colonnaires conviennent également aux plantations formelles où il est possible de les planter en ligne, le long d'une allée par exemple. Quant à eux, les arbres aux formes élargies et étalées donnent plus d'ampleur horizontale et complètent bien les maisons basses qui n'ont qu'un seul étage. Finalement, les arbres pleureurs conviennent mieux aux endroits dégagés et plats comme une pelouse ou une étendue d'eau. En façade, évitez les arbres à grand développement, puisqu'ils deviennent disproportionnés par rapport aux maisons qu'ils accompagnent ; ils cachent ou écrasent littéralement certaines demeures qu'ils devraient plutôt mettre en valeur. Il est toujours préférable de planter des arbres à petit ou à moyen développement qui avantagent beaucoup plus la plupart des résidences.

Un choix réfléchi

Le critère le plus important à considérer dans le choix d'un arbre est sans aucun doute la hauteur et l'étalement maximal qu'il atteindra à maturité. Assurez-vous donc qu'il bénéficie de suffisamment de place pour se développer normalement, ce qui vous évitera de devoir adapter sa croissance à l'espace disponible en entreprenant des travaux d'élagage fort coûteux. La taille est une opération éprouvante pour un arbre : chaque branche coupée laisse une plaie dont la cicatrisation exige énormément d'énergie. Vous avez donc tout intérêt à limiter les travaux d'entretien et d'élagage en choisissant des arbres dont le port naturel et les dimensions conviennent à l'environnement où vous les placez. Mais, surtout, évitez de planter des arbres directement sous les fils électriques, à moins que leur hauteur à maturité soit vraiment très limitée. Les tableaux 1 à 3 contiennent une liste d'arbres convenant bien aux terrains de ville et de banlieue où l'espace est assez restreint.

Plusieurs municipalités réglementent les distances de plantation des arbres dans les zones mitoyennes, ainsi que le choix des espèces et des variétés. Souvent, elles interdisent même la plantation de certains arbres tels que le saule pleureur (*Salix alba* 'Tristis') et l'érable argenté (*Acer saccharinum*). Pour éviter d'avoir à émonder votre arbre à cause de l'ombre qu'il fait chez votre voisin ou des feuilles qui tombent dans sa cour, tenez compte de ces réglementations et de la loi qui s'applique dans ces cas. Vous vous assurerez ainsi d'entretenir des relations de bon voisinage.

Certains arbres qui offrent une floraison spectaculaire au printemps passeront inaperçus le reste de l'année. Il est donc important de prendre en considération tous les aspects ornementaux. En plus de la floraison, qui dure en général deux semaines, plusieurs arbres offrent une fructification intéressante, d'autres une coloration sensationnelle du feuillage à l'automne et d'autres encore, des formes de ramifications et une écorce attrayantes durant l'hiver. On peut donc choisir un arbre qui, grâce à la succession de sa floraison, de sa fructification et de la coloration de son feuillage, demeurera un centre d'intérêt durant toute l'année.

Les arbres feuillus, dénudés en hiver, laissent passer les rayons du soleil si précieux en cette période de l'année. Les conifères, qui conservent leur feuillage toute l'année, offrent l'avantage d'isoler d'un voisin ou de cacher en permanence une vue indésirable. En général, on plante les conifères du côté nord-ouest de la maison, de façon qu'ils freinent les grands vents d'hiver, tout en laissant la voie libre aux rayons du soleil.

Chêne pédonculé fastigié
***Quercus robur* 'Fastigiata', zone 4**

Le chêne pédonculé fastigié est un arbre à port pyramidal étroit qui peut atteindre 15 mètres de hauteur. Il est idéal pour les endroits exigus, sa couronne n'excédant que rarement 3 mètres de diamètre. Ce chêne, qui a été découvert en Allemagne en 1783, possède des feuilles lobées qui prennent une teinte bronze vers la mi-octobre et qui persistent tout l'hiver. Étant donné sa rusticité moyenne, il doit être planté à l'abri des vents. Outre le 'Fastigiata', on retrouve aussi sur le marché horticole le cultivar 'Sky Rocket' (*Quercus robur* 'Sky Rocket') au port encore plus étroit et le chêne 'Crimson Spires' (*Quercus* 'Crimson Spires') qui est issu d'une hybridation de *Quercus robur* 'Fastigiata' x *Quercus alba* et dont les feuilles lobées, qui persistent également tout l'hiver, prennent plutôt une teinte brun rosé à l'automne.

Cornouiller à feuilles alternes
Cornus alternifolia, zone 3

Le cornouiller à feuilles alternes est un arbuste magnifique qui atteint la taille imposante de 5 mètres de hauteur sur autant de largeur. Il peut aussi être cultivé en arbre, à tronc unique ou à troncs multiples ; il s'élève alors parfois jusqu'à 9 mètres de hauteur. Ses branches horizontales s'étalent de façon très caractéristique, lui conférant une allure quelque peu asiatique. Vers la fin de mai et en juin, cet arbuste, indigène dans la partie est de l'Amérique du Nord, produit de jolies fleurs blanches dont l'extérieur des pétales est légèrement teinté d'orangé. En août, il produit des fruits bleu noirâtre au pédoncule rouge très appréciés des oiseaux. À l'automne, son feuillage prend une superbe teinte violacée. Le cornouiller à feuilles alternes a un début de croissance plutôt lent qui s'accélérera considérablement par la suite, pourvu que le sol soit riche et humide. Il est préférable de le planter à l'ombre légère ou moyenne, près d'un mur qui fait face au nord par exemple. Il peut facilement tolérer un ensoleillement plus soutenu ou encore une ombre plus dense, sous des érables par exemple. Quoique plus rare, on retrouve également le superbe cultivar 'Argentea' à feuilles vertes panachées de blanc.

TABLEAU 1

Arbres à faible développement les plus attrayants

Petits arbres à feuilles décidues de 4 à 7 mètres de hauteur qui conviennent bien à certains terrains où l'espace est restreint. Ils sont tous rustiques dans l'est du Canada et peu sensibles aux insectes et aux maladies.

Nom latin	Nom français	Hauteur	Zone	Fleurs	Caractéristiques
Acer campestre	Érable champêtre	6 m	4b		feuillage lobé
Acer campestre 'Carnival'	Érable champêtre 'Carnival'	6 m	4b		feuillage vert, blanc et rose
Acer campestre 'Royal Ruby'	Érable champêtre 'Royal Ruby'	6 m	4b		feuillage pourpre
Acer ginnala	Érable de l'Amour	7 m	2		fruits roses, feuillage automnal rouge-orangé
Amelanchier canadensis	Amélanchier du Canada	6 m	2b	blanc	fruits noirs, feuillage automnal orange
Amelanchier canadensis 'Ballerina'	Amélanchier du Canada 'Ballerina'	6 m	2b	blanc	grandes fleurs
Amelanchier laevis 'Snowcloud'	Amélanchier glabre 'Snowcloud'	7 m	3	blanc	fruits noirs, feuillage automnal orange
Amelanchier grandiflora	Amélanchier à grandes fleurs	7 m	4	blanc	fruits noirs, feuillage automnal orange
Caragana arborescens 'Lorbergii'	Caragana 'Lorbergii'	4 m	2b	jaune	feuillage très fin
Carpinus caroliniana	Charme de Caroline	6 m	2b		feuillage automnal orange
Crataegus x *mordenensis* 'Toba'	Aubépine 'Toba'	5 m	3	rose	fruits rouges
Crataegus x *mordenensis* 'Snowbird'	Aubépine 'Snowbird'	5 m	3	blanc	fruits rouges
Euonymus europaeus	Fusain d'Europe	5 m	3		feuillage automnal rouge, fruits rouges
Malus 'Adams'	Pommetier 'Adams'	6 m	4	rose	fruits rouges
Malus 'Autumn Gold'	Pommetier 'Autumn Gold'	4 m	3	blanc	fruits jaunes
Malus 'Coccinella'	Pommetier 'Coccinella'	5 m	3	rose	feuillage pourpre
Malus 'Prairie Fire'	Pommetier 'Prairie Fire'	5 m	4	rouge	fruits rouges
Malus 'Sugartyme'	Pommetier 'Sugartyme'	5 m	4	blanc	fruits rouges
Robinia salvinii 'Hillieri'	Robinier 'Hillieri'	6 m	4b	rose	feuilles composées
Viburnum trilobum	Viorne trilobée ou pimbina	5 m	2	blanc	feuillage automnal rouge pourpré, fruits rouges
Viburnum lentago	Alisier	6 m	2	blanc	feuillage automnal rouge pourpré, fruits noirs

TABLEAU 2

Arbres à développement moyen les plus attrayants

Arbres à feuilles décidues de 8 à 12 mètres de hauteur qui conviennent bien à la plupart des terrains de ville. Ils sont tous rustiques dans l'est du Canada.

Nom latin	Nom français	Hauteur	Zone	Fleurs	Caractéristiques
Acer platanoides 'Crimson King'	Érable de Norvège 'Crimson King'	12 m	4b		feuillage pourpre
Acer platanoides 'Crimson Sentry'	Érable de Norvège 'Crimson Sentry'	10 m	4b		feuillage pourpre
Acer platanoides 'Drummondii'	Érable de Norvège 'Drummondii'	10 m	4b		feuillage vert bordé de blanc crème
Betula pendula 'Crimson Frost'	Bouleau européen 'Crimson Frost'	10 m	3		feuillage pourpre
Betula pendula 'Golden Cloud'	Bouleau européen 'Golden Cloud'	12 m	2		feuillage doré
Betula pendula 'Purpurea'	Bouleau européen à feuilles pourpres	10 m	3		feuillage vert pourpré
Betula pendula 'Tristis'	Bouleau européen 'Tristis'	10 m	2		rameaux retombants
Cornus alternifolia	Cornouiller à feuilles alternes	9 m	3b	blanc	fruits noirs
Cornus alternifolia 'Argentea'	Cornouiller à feuilles alternes 'Argentea'	9 m	4	blanc	feuillage vert et blanc
Crataegus crus-galli	Aubépine ergot de coq	8 m	2b	blanc	fruits rouges, épines
Eleagnus angustifolia	Olivier de Bohême	9 m	2b	jaune	feuillage gris, épines
Fraxinus pennsylvanica 'Harlequin'	Frêne de Pennsylvanie 'Harlequin'	12 m	3		feuillage vert et blanc
Gleditsia triacanthos var. *inermis* 'Ruby Lace'	Févier d'Amérique 'Ruby Lace'	12 m	4b		feuillage pourpre
Gleditsia triacanthos var. *inermis* 'Spectrum'	Févier d'Amérique 'Spectrum'	10 m	4b		feuillage jaune
Gleditsia triacanthos var. *inermis* 'Sunburst'	Févier d'Amérique 'Sunburst'	12 m	4b		jeunes feuilles jaunes
Maackia amurensis	Maackia de l'Amour	8 m	3b	blanc	feuilles composées
Prunus maackii	Cerisier de Mandchourie	10 m	2	blanc	écorce orangée
Prunus padus 'Colorata'	Cerisier à grappes 'Colorata'	9 m	2	rose	feuillage vert pourpré
Prunus virginiana 'Schubert'	Cerisier de Virginie 'Schubert'	10 m	2	blanc	feuillage pourpre
Robinia pseudoacacia 'Bessoniana'	Robinier faux acacia 'Bessoniana'	10 m	4b	blanc	feuilles composées
Salix matsudana 'Golden Curls'	Saule tortueux de Pékin 'Golden Curls'	8 m	4b		branches tortueuses, écorce jaune
Salix matsudana 'Tortuosa'	Saule tortueux de Pékin	8 m	4b		branches tortueuses
Syringa reticulata 'Chantilly Lace'	Lilas du Japon 'Chantilly Lace'	10 m	2	blanc	feuillage vert bordé de blanc crème
Syringa reticulata 'Ivory Silk'	Lilas du Japon 'Ivory Silk'	10 m	2	blanc	floraison plus tardive que les autres lilas

TABLEAU 3

Arbres au port colonnaire

Arbres à feuilles décidues au port érigé et étroit dont la couronne présente un diamètre inférieur à 3 mètres. Ces arbres conviennent parfaitement aux terrains où l'espace est très restreint.

Nom latin	Nom français	Hauteur	Largeur	Zone
Acer saccharum 'Monumentale'	Érable à sucre 'Monumentale'	10 m	1 m	4
Ginkgo biloba 'Princeton Sentry'	Ginkgo bilobé 'Princeton Sentry'	12 m	3 m	5
Malus baccata 'Columnaris'	Pommetier de Sibérie colonnaire	5 m	2 m	2
Malus 'Pink Spires'	Pommetier 'Pink Spires'	5 m	1,5 m	4
Malus 'Rosthern'	Pommetier 'Rosthern'	5 m	2 m	2
Malus 'Velvet Pillar'	Pommetier 'Velvet Pillar'	5 m	3 m	4
Populus canescens 'Tower'	Peuplier 'Tower'	12 m	2 m	2b
Quercus robur 'Fastigiata'	Chêne pédonculé fastigié	15 m	3 m	4
Quercus robur 'Sky Rocket'	Chêne pédonculé 'Sky Rocket'	15 m	1,5 m	4
Quercus 'Crimson Spires'	Chêne 'Crimson Spires'	15 m	3 m	4b
Sorbus x *thuringiaca* 'Fastigiata'	Sorbier à feuilles de chêne	8 m	3 m	4

LA BONNE PLACE POUR LA BONNE PLANTE

Le choix des végétaux est un des éléments les plus importants dans la réussite d'un jardin. Certaines plantes s'associent bien ensemble parce qu'elles possèdent des exigences culturales similaires. À mon avis, il n'y a rien de plus désagréable qu'un jardin où se côtoient des plantes provenant de milieux très distincts. Il est absurde de planter des végétaux bien adaptés à la sécheresse et à la chaleur, comme la lavande (*Lavandula angustifolia*), à proximité de plantes d'ombre qui apprécient les sols humides et acides, telles les astilbes (*Astilbe* spp.). Ces plantes peuvent difficilement croître ensemble parce qu'elles nécessitent des environnements complètement différents.

Lorsqu'une plante n'est pas adaptée au milieu où on la place, sa croissance est généralement déficiente, ce qui la rend plus sujette aux attaques des insectes et des maladies. Il est donc essentiel que vous choisissiez des végétaux bien adaptés aux conditions qui règnent sur votre terrain. Il est toujours possible de modifier certaines

◄ *L'œillet à delta 'Zing Rose' (*Dianthus deltoides *'Zing Rose') et le thym serpolet (*Thymus serpyllum*) sont deux plantes vivaces tapissantes qui conviennent parfaitement aux sols secs et chauds entourants les sentiers faits de pierres ou de pavés.*

*Les plantes indigènes ont elles aussi des besoins précis. La centaurée noire (*Centaurea nigra*) et la molène blattaire (*Verbascum blattaria*), associées ici de façon magnifique, affectionnent les lieux ouverts où elles peuvent profiter des rayons du soleil. Elles ne peuvent absolument pas pousser sous le couvert des arbres.* ►

Respecter les plantes indigènes

Une plante indigène est une plante qui croît d'elle-même, sans intervention humaine. Certaines autres plantes, qui poussent également à l'état sauvage, sont naturalisées. En d'autres mots, elles sont d'origine étrangère mais sont acclimatées au point de faire partie intégrante de la flore d'un pays.

La culture des plantes indigènes connaît un essor remarquable depuis quelques années. Plusieurs de ces plantes font partie de nos jardins depuis déjà un bon moment, comme la tiarelle (*Tiarella cordifolia*) qui illumine les coins ombragés au printemps avec ses magnifiques fleurs blanches et l'achillée millefeuille (*Achillea millefolium*) dont les petites fleurs sont disposées en jolies ombelles.

La culture des plantes indigènes d'Amérique du Nord et d'ailleurs est une pratique à encourager; ces plantes sont généralement moins exigeantes et plus faciles à cultiver que la plupart des cultivars issus d'hybridations ou de manipulations génétiques. Elles sont essentielles au bon fonctionnement des écosystèmes naturels. En prélevant ces plantes dans la nature, vous mettez en péril leur survie en tant qu'espèce ainsi que la survie de leur milieu. En avril 1998, le World Conservation Monitoring Centre a publié la toute première liste mondiale des plantes menacées de disparition. Ce livre, contenant 900 pages, mentionne le nom de plus de 34 000 espèces de plantes qui sont éteintes ou menacées d'extinction. Cela représente 12,5 p. 100 de toutes les plantes supérieures connues incluant les fougères, les conifères et les plantes à fleurs. En lisant ce livre, j'ai appris que plusieurs espèces telles que le *Paphiopedilum delenatii,* une orchidée indigène du Viêt-nam, sont disparues ou possiblement disparues dans la nature à la suite de prélèvements massifs effectués en vue d'en faire le commerce pour l'horticulture ornementale.

Il est donc essentiel de ne jamais prélever de plantes indigènes entières dans la nature, sauf lors d'opérations de sauvetage d'habitat ou de récupération. Achetez plutôt des semences ou des plantes en pots dans des pépinières qui les produisent de façon responsable. Informez-vous auprès du pépiniériste de la provenance de ses plants et de ses semences. Si vous le soupçonnez de les prélever dans la nature, il est préférable de ne pas vous approvisionner à cet endroit.

Le rhododendron du Canada (Rhododendron canadense) *est assurément l'un de nos plus beaux arbustes indigènes. Il croît à l'état sauvage dans l'est de l'Amérique du Nord, de la Pennsylvanie au nord-est québécois. Au printemps, dès le début de mai, il est splendide alors qu'il se couvre de fleurs roses. C'est un arbuste à feuilles caduques très rustique qui ne demande aucune protection hivernale; il résiste bien aux vents hivernaux desséchants et s'accommode plus facilement d'une mince couverture de neige au sol que la plupart des autres rhododendrons. Il croît bien au soleil ou à l'ombre moyenne.*

Malgré son caractère envahissant et le fait qu'elle laisse peu de place aux plantes indigènes moins agressives, la salicaire (Lythrum salicaria) *est une plante sauvage d'Amérique du Nord très utilisée dans les jardins d'ornement où elle se comporte d'ailleurs beaucoup plus poliment. Peu exigeante et s'adaptant à presque toutes les situations, la salicaire est une plante idéale pour les aménagements urbains; sa culture dans les jardins situés près de lieux humides ou de cours d'eau n'est toutefois pas toujours souhaitable. La salicaire est associée ici à l'héliopsis 'Summer Sun'* (Heliopsis helianthoides *'Summer Sun'*). ▶

caractéristiques d'un site, en le drainant ou en modifiant la texture du sol par exemple. Toutefois, l'investissement de temps, d'énergie et d'argent nécessaire à ces modifications est souvent démesuré par rapport aux résultats recherchés.

Depuis quelques années, une nouvelle façon de concevoir le jardin est apparue en Amérique du Nord. Aux États-Unis surtout, on trouve de plus en plus de jardins d'aspect naturel presque exclusivement composés de végétaux indigènes. Mais, l'utilisation massive de plantes indigènes ne vous assure pas nécessairement la réalisation d'un jardin exceptionnel. La réussite d'un aménagement passe plutôt par une utilisation appropriée des plantes. En plantant des végétaux originaires d'habitats similaires — non seulement indigènes au Canada mais également dans d'autres régions du monde — et parfaitement bien adaptés à l'ensoleillement, au type de sol dont vous disposez ainsi qu'à votre zone de rusticité, vous faciliterez l'entretien de votre jardin et augmenterez vos chances de réussite.

À L'OMBRE, LES JEUNES PLANTES EN FLEURS

Jardiner en milieu ombragé n'est pas nécessairement source de problèmes. Au contraire, il est possible de tirer profit de la présence des arbres ou de toute autre structure bloquant les rayons du soleil, en créant un aménagement dynamique et luxuriant dont l'atmosphère est fort agréable. Cependant, les aménagements paysagers à l'ombre donnent une floraison moins exubérante que ceux situés en plein soleil. Ce sont les formes, les textures et les coloris des feuillages qui assurent à ces jardins toute leur originalité et leur subtilité.

Des ombres différentes

Imaginez un jardin adossé à un mur faisant face à l'ouest : il est à l'ombre jusqu'à 13 h, puis directement sous les rayons du soleil jusqu'à la tombée de la nuit. Ce n'est pas un jardin d'ombre, mais c'est certainement un endroit où l'ombre doit être prise en considération. Plusieurs plantes, qui poussent normalement en plein soleil, croissent tout de même relativement bien dans de telles conditions où elles peuvent bénéficier d'environ 6 heures d'ensoleillement par jour. C'est ce qu'on appelle « soleil à mi-ombre » dans la plupart des catalogues de pépinières et de jardineries.

Les vrais jardins d'ombre ne reçoivent pas plus de 4 heures d'ensoleillement direct par jour. Mais il existe plusieurs intensités d'ombre. L'obscurité dense et sèche retrouvée sous un massif d'épinettes (*Picea* spp.) diffère énormément de l'ombrage très léger créé

Ce n'est pas parce qu'un jardin est privé de soleil qu'il doit être austère et monotone. Les conditions de culture à l'ombre ne sont pas aussi astreignantes qu'on peut le croire et permettent l'utilisation de plantes très attrayantes comme le démontre cette association dynamique où l'heuchère 'Chocolate Ruffles' (Heuchera *'Chocolate Ruffles') se marie magnifiquement à l'astilbe 'Rheinland'* (Astilbe *'Rheinland'* [japonica *hybride*]). ▸

▲ *Il existe une impressionnante quantité de vivaces très florifères qui peuvent être plantées à l'ombre légère. C'est le cas du groupe des anémones du Japon dont fait partie l'anémone à feuilles de vigne (*Anemone vitifolia*) qui, en août et en septembre, produit de magnifiques fleurs aux pétales blancs dont l'extérieur est légèrement teinté de violet entourant un cœur composé d'une multitude d'étamines jaunes.*

*Plusieurs plantes bulbeuses à floraison printanière peuvent accompagner les plantes couvre-sol et certaines vivaces basses afin d'agrémenter un jardin d'ombre. Certaines espèces poussent très bien sous les arbres à condition de bénéficier d'un sol riche et frais. L'éranthe d'hiver (*Eranthis hyemalis*), la perce-neige (*Galanthus nivalis*) et les érythrones (*Erythronium *spp.) peuvent s'adapter aux endroits où l'ombre est moyenne et même parfois dense, tandis que certains crocus (*Crocus *spp.) et narcisses (*Narcissus *spp.) ainsi que la scille de Sibérie (*Scilla siberica*), illustrée ici, préfèrent plutôt l'ombre légère.* ▶

*Page 29 : L'ombre moyenne permet la culture d'une impressionnante quantité de végétaux tels que les astilbes (*Astilbe *spp.) et les hostas (*Hosta *spp.), qui figurent parmi les plantes d'ombre les plus attrayantes.*

par un arbre au feuillage fin comme le févier d'Amérique (*Gleditsia triacanthos*). Pour réussir vos plantations sous les arbres, il est essentiel de bien évaluer le type d'ombre auquel vous êtes confronté.

Ombre légère

On appelle « ombre légère » celle qui est produite par des arbres au feuillage délicat tels que l'amélanchier du Canada (*Amelanchier canadensis*), le févier d'Amérique (*Gleditsia triacanthos*) et le mélèze laricin (*Larix laricina*), par exemple. Dans de telles conditions, les zones éclairées et ombragées sont en mouvement constant, ce qui permet aux plantes de recevoir de 3 à 4 heures d'ensoleillement au total. L'ombre légère permet l'utilisation d'une très grande variété de plantes.

Ombre moyenne ou modérée

L'ombre moyenne caractérise les plantations adossées aux murs faisant

face au nord. C'est également le type d'ombre qu'on retrouve sous certains arbres feuillus plantés moins densément que dans une forêt et dont les premières branches charpentières sont fixées à bonne hauteur sur le tronc, soit à 4 m du sol. Dans de telles conditions, le sol n'est touché que par très peu de soleil direct, mais la luminosité ambiante est tout de même assez intense pour permettre à bon nombre de plantes d'y pousser convenablement.

Ombre dense ou pleine ombre
Cette ombre est la moins hospitalière de toutes ; on la retrouve surtout sous les conifères ou sous les feuillus très touffus comme l'érable de Norvège (*Acer platanoides*) et le marronnier d'Inde (*Aesculus hippocastanum*), par exemple. Peu de plantes peuvent pousser dans de telles conditions, car, en plus de bloquer les rayons du soleil et une grande partie de la lumière ambiante, le feuillage épais de ces arbres provoque la sécheresse en empêchant la pluie de se rendre au sol. Le tableau 4 donne la liste des plantes vivaces qui performent le mieux dans de telles conditions d'ombre.

TABLEAU 4

Plantes vivaces qui tolèrent l'ombre dense

Nom latin	Nom français	Sol sec
Adiantum pedatum	adiante du Canada ou capillaire	
Asarum spp.	asaret	
Blechnum spicant	blechnum	
Carex plantaginea	carex plantain	
Convallaria majalis	muguet	X
Cornus canadensis	cornouiller du Canada	
Dryopteris filix-mas	dryoptère fougère-mâle	
Epimedium spp. et cultivars	épimède, espèces et cultivars	X
Gaultheria procumbens	thé des bois	
Geranium nodosum	géranium noueux	X
Geranium phaeum et cultivars	géranium obscur et cultivars	X
Hedera helix 'Baltica'	lierre commun 'Baltica'	X
Hedera helix 'Bulgaria'	lierre commun 'Bulgaria'	X
Hosta spp. et cultivars	hosta, espèces et cultivars	
Lamiastrum galeobdolon et cultivars	ortis jaune et cultivars	X
Lunaria biennis et cultivars	monnaie du pape et cultivars	
Luzula sylvatica et cultivars	luzule des bois et cultivars	
Maianthemum canadense	maïanthème du Canada	
Pachysandra terminalis	pachysandre	X
Polygonatum spp.	sceau-de-Salomon	
Polystichum acrostichoides	polystic faux-acrostic	
Polystichum braunii	polystic de Braun	
Pulmonaria angustifolia 'Azurea'	pulmonaire à feuilles étroites 'Azurea'	
Stylophorum diphyllum	stylophore à deux feuilles	
Tellima grandiflora	tellima à grandes fleurs	
Tiarella cordifolia	tiarelle cordifoliée	
Vinca minor et cultivars	petite pervenche et cultivars	
Viola odorata et cultivars	violette odorante et cultivars	

Les conditions idéales

La plupart des plantes d'ombre exigent un sol riche et constamment frais. Il est parfois possible de retrouver des conditions semblables sur des sites où l'ombre est créée par un bâtiment ou par de petits arbres au système racinaire peu étendu. En revanche, en présence d'arbres matures qui produisent une ombre plus dense, le sol est généralement pauvre, épuisé et presque toujours sec. Malgré un choix restreint, il est simple et économique de planter des végétaux bien adaptés à ce genre d'environnement. Par ailleurs, il est relativement facile d'améliorer le taux d'humidité et la qualité d'un sol de façon à y cultiver une plus vaste gamme de végétaux.

Pour recréer des conditions qui conviennent à la plupart des plantes d'ombre, je m'inspire de la nature. Dans une forêt, les feuilles mortes qui tombent à l'automne ont un effet très bénéfique sur le sol et sur les végétaux. D'abord, elles forment un paillis qui conserve l'humidité si nécessaire à la survie du très grand nombre de plantes qu'on retrouve dans un boisé. Ensuite, ces feuilles se décomposent lentement pour former de l'humus, un terreau de couleur brun foncé essentiel à la stabilité et à la fertilité du sol.

Si toutes les feuilles fraîchement tombées étaient enlevées, cela entraînerait des conséquences désastreuses pour l'ensemble de la forêt. Pour bien réussir votre jardin d'ombre, vous devez donc y recréer un milieu semblable à celui d'une forêt.

Mortes mais utiles

L'automne venu, vous pouvez déchiqueter les feuilles mortes, pour ensuite les étendre sur vos plates-bandes. En plus de nourrir le sol et de conserver l'humidité, une couche de feuilles d'une épaisseur d'environ 10 cm protège les plantes contre les effets du gel et du dégel dans les endroits où la neige ne s'accumule pas. Au printemps, pour accélérer la décomposition des feuilles, vous pouvez les incorporer au sol en effectuant un léger binage. Cependant, si vous choisissez plutôt d'enlever les feuilles mortes et les débris qui jonchent le sol de vos plates-bandes, pour faciliter la sortie des plantes les plus hâtives, soyez prudent. Il est essentiel d'utiliser un râteau à feuilles dont les dents sont faites de plastique plutôt que de métal, pour éviter de blesser les jeunes pousses qui pointent déjà hors du sol.

Un amendement essentiel

L'humus contenu dans le sol se dégrade un peu plus tous les ans en libérant les éléments nutritifs qu'il contient. Le compost est sans contredit l'amendement le plus efficace pour remplacer l'humus dégradé et pour améliorer la qualité du sol des plates-bandes situées à l'ombre. En plus de fournir des éléments nutritifs essentiels aux plantes, il améliore la structure du sol tout en augmentant sa capacité de rétention en air, en eau et en éléments nutritifs. Un apport annuel de compost est essentiel à la vie de votre jardin d'ombre surtout si, chaque automne, vous enlevez les feuilles mortes. La plupart des plantes d'ombre exigent un apport annuel de 2 kg de compost par m^2 (1 cm d'épaisseur) dans un sol déjà riche ou dans un sol où vous venez d'enfouir des feuilles mortes, et jusqu'à 5 kg par m^2 (2,5 cm d'épaisseur) dans un sol pauvre et pour les plantes très voraces telles que les rodgersies (*Rodgersia* spp.) et la rhubarbe japonaise (*Rheum palmatum*).

Un jardin d'ombre bien structuré

En nature, une forêt est composée de trois strates de végétaux : on retrouve d'abord les arbres, qui forment la canopée, ensuite les arbustes, qui occupent l'étage du centre, puis les plantes herbacées, qui forment une strate située près du sol. Dans un jardin, les arbres et les arbustes sont des éléments structuraux qui forment une sorte d'enceinte, procurant intimité et sécurité aux occupants. Ces éléments ont une grande influence sur l'espace puisqu'ils en suggèrent les limites ; ils peuvent aussi créer un effet de profondeur et parfois même un effet d'infini. Finalement, ils permettent l'utilisation de la verticale, ce qui donne beaucoup d'ampleur aux petits jardins.

Les végétaux ligneux constituent en fait la charpente permanente autour de laquelle sont ensuite disposées les autres plantes. Lorsqu'elles sont organisées autour des éléments structuraux du jardin, les vivaces, les annuelles et les plantes bulbeuses sont mises en valeur et produisent un effet plus intense. Certaines vivaces peuvent également servir de pivots pour les plantations. Ces plantes structurantes ressortent nettement parmi les autres, car leur forme, leur floraison et surtout leur feuillage sont très singuliers.

Il est possible d'obtenir de très belles plates-bandes à l'ombre en n'ajoutant que du compost. Cependant, il peut parfois être nécessaire d'apporter un peu d'engrais à certaines plantes qui ne semblent pas croître normalement, par exemple à celles qui rivalisent directement avec des arbres très voraces. Je vous propose de lire le texte sur les fertilisants (voir p. 171) pour en savoir plus long sur le sujet.

Fraîcheur garantie

Assurez-vous de maintenir le sol de votre jardin d'ombre constamment frais en l'arrosant au moins une fois par semaine, principalement durant les chauds mois de juillet et d'août. Plutôt que d'arroser votre jardin un peu tous les jours, il est préférable de lui fournir sa dose hebdomadaire en une seule application de façon à assurer aux plantes un développement racinaire bien ramifié et en profondeur. La plupart des plantes d'ombre nécessitent environ 3,5 cm d'eau par semaine. Pour vous assurer de leur fournir la quantité adéquate, vous n'avez qu'à placer sous le jet de votre arrosoir un contenant que vous aurez préalablement gradué à l'aide d'une règle et d'un crayon à encre indélébile. Lorsque l'eau atteint la marque faite à 3,5 cm vous pouvez cesser d'arroser.

Durant les premières années suivant l'implantation d'une plate-bande à l'ombre, vous devez idéalement recouvrir la terre d'un paillis organique constitué d'écorce de cèdre, d'écales de cacao ou de feuilles mortes. La plupart des couvre-sols inertes ont d'abord pour effet de ralentir ou d'arrêter complètement la pousse des herbes indésirables. De plus, une couche de paillis d'une épaisseur d'environ 5 à 7 cm permet de conserver l'humidité du sol et protège les racines des plantes durant l'hiver, aux endroits où la couverture de neige n'est pas suffisante. Finalement, les paillis d'origine organique se décomposent lentement, ce qui a pour effet d'augmenter la quantité d'humus du sol.

Une croissance modérée

Les végétaux plantés sous des arbres connaîtront probablement une croissance et un développement limités, puisqu'ils sont en compétition directe avec les arbres pour l'approvisionnement en eau et en éléments nutritifs. La situation s'avère encore plus difficile lorsque les plantes doivent lutter contre les racines superficielles de certains arbres très vigoureux comme l'érable argenté (*Acer saccharinum*), l'érable de Norvège (*Acer platanoides*) et les épinettes (*Picea* spp.) par exemple. Les plantes doivent également travailler dur pour bien s'enraciner à travers l'épais fouillis de racines superficielles de certains arbres, tels les frênes (*Fraxinus* spp.). La lutte est cependant moins ardue lorsque les plantes poussent au pied d'arbres dont l'enracinement est plus profond comme les chênes (*Quercus* spp.).

Il y a quelques années, je cultivais un jardin dont une partie se trouvait à l'ombre d'un immense érable argenté. D'abord, pour permettre à quelques rayons de soleil et à la lumière ambiante de pénétrer jusqu'au sol, j'ai dû couper les branches charpentières trop basses et éclaircir sa couronne. Dans le feutre racinaire épais d'un vieil arbre, les plantes vivaces et les arbustes ont beaucoup de difficulté à former une couverture durable. Afin que les plantes puissent s'établir convenablement, j'ai ensuite creusé des fosses de plantation très larges d'où j'éliminais toutes les radicelles. À l'occasion, il m'est arrivé de devoir planter certains végétaux à d'autres endroits que ceux prévus pour éviter de blesser ou de couper des racines de gros calibre. Comme le sol avait été appauvri par l'érable, j'ai dû utiliser de grandes quantités de compost lors de la plantation. Je n'ai pas utilisé la terre extraite des fosses de plantation : je l'ai plutôt remplacée par une partie de terre brune à jardin mélangée à une partie de compost, sans oublier d'y ajouter des os moulus. Pour conserver le plus d'humidité possible, j'ai ensuite recouvert le sol d'un paillis organique composé d'écorce de cèdre. Même avec la protection de ce paillis, il fallait tout de même arroser abondamment au moins une fois par semaine.

J'ai réalisé cet aménagement paysager il y a cinq ans et aujourd'hui, il est encore très beau. Cependant, pour le maintenir dans cet excellent état, il m'a fallu lui accorder plus de soins qu'à un aménagement qui n'aurait pas eu à se battre contre un arbre vorace. La réussite d'un jardin d'ombre demande généralement quelques années d'expérimentations. Quelques années d'essais permettent d'apprivoiser l'ombre et de connaître les végétaux qui s'y adaptent le mieux.

Mes préférées

Voici la description de quelques-unes de mes plantes d'ombre préférées. Ce sont pour la plupart des plantes relativement faciles à cultiver et dont la rusticité est éprouvée pour les jardins de l'est du Canada. Elles sont en outre peu sensibles aux insectes et aux maladies. On peut trouver toutes ces plantes sur le marché horticole, du moins dans certaines pépinières et jardineries spécialisées.

Gingembre sauvage (*Asarum canadense*), zone 3

Le gingembre sauvage, qui est une plante indigène de l'est de l'Amérique du Nord, a un goût de gingembre asiatique (*Zingiber officinalis*) et en possède les propriétés. C'est une plante un peu particulière qui produit une fleur solitaire, de couleur brune, insérée à la jonction des pétioles des deux seules feuilles qu'elle possède. Les fleurs se cachent sous les jolies feuilles vertes et veloutées en forme de cœur. Le gingembre sauvage atteint au maximum 20 cm de hauteur et, dans un sol riche et frais, il se propage rapidement pour former un excellent couvre-sol. Il s'implante très bien à l'ombre dense ou même sous un ensoleillement partiel, pourvu que le sol reste toujours bien frais. On retrouve aussi sur le marché, bien que plus rarement, le gingembre européen (*Asarum europaeum*) au feuillage réniforme plus lustré.

▲ *Une belle association entre le gingembre européen* (Asarum europaeum) *et le hosta 'Gold Drop'* (Hosta *'Gold Drop'*).

◄ *Gingembre sauvage* (Asarum canadense)

▲ *Grande radiaire* (Astrantia major)

Grande radiaire (*Astrantia major*), zone 3

Originaire d'Europe, la grande radiaire est une vivace dont la floraison est très longue. Ses petites fleurs blanches, qui s'épanouissent généralement de juin jusqu'à septembre, sont parfois teintées d'un peu de vert ou de rose et sont regroupées en une ombelle elle-même entourée d'une série de bractées de la même couleur et ressemblant à s'y méprendre à des pétales. Le feuillage, très ornemental, est découpé de façon caractéristique et peut former un tapis dense, quasi impénétrable. Cette plante s'accommode bien de plusieurs types de sols, pourvu qu'ils soient frais. La grande radiaire pousse aussi bien à l'ombre légère qu'a l'ombre moyenne. Elle atteint 60 cm de hauteur sur 45 cm de largeur. La couleur des inflorescences de la grande radiaire est très variable, ce qui a favorisé l'apparition de quelques cultivars dont 'Rosea' aux inflorescences roses et 'Rubra' aux inflorescences rouges.

Fougère peinte (*Athyrium nipponicum* 'Pictum'), zone 5

La fougère peinte est très originale et mérite d'être placée en évidence dans un jardin. Ses feuilles, qu'on appelle également « frondes », sont finement découpées. Le rachis, c'est-à-dire la nervure centrale, ainsi que les petites nervures des ramifications sont de couleur pourpre et prennent une teinte plus pâle vers les extrémités. Près du rachis, les feuilles sont d'un gris assez foncé alors qu'à leur extrémité, elles sont plutôt argentées avec une légère touche de vert, ce qui donne une allure tout à fait singulière à cette fougère. Un couvre-sol de couleur très foncée fait ressortir toute la complexité de son superbe feuillage. Elle pousse très bien en sol riche, léger et frais, à l'ombre légère ou moyenne. Elle atteint environ 40 cm de hauteur sur 50 cm de largeur.

▲ *Fougère peinte (*Athyrium nipponicum *'Pictum')*

Brunnéra (*Brunnera macrophylla*), zone 4

Cette plante est originaire du Caucase, un ensemble montagneux situé en Géorgie, au nord-est de la Turquie. Au printemps, généralement en mai, elle produit de jolies petites fleurs bleues très semblables à celles de son cousin, le myosotis. Son feuillage très esthétique atteint environ 40 cm de hauteur sur autant de largeur. Les feuilles vert foncé ont la forme d'un cœur. Il faut placer cette plante à l'ombre légère ou moyenne dans un sol riche et frais. Quoique plus rare que l'espèce, on retrouve maintenant sur le marché horticole un cultivar de brunnéra à feuillage panaché (*Brunnera macrophylla* 'Variegata').

*Un mariage particulièrement étonnant entre le brunnéra à feuillage panaché (*Brunnera macrophylla *'Variegata') et le lamier 'Chequers' (*Lamium maculatum *'Chequers').* ►

▲ *Le brunnéra* (Brunnera macrophylla) *associé à l'heuchère 'Bressingham'* (Heuchera sanguinea *'Bressingham'*).

Cœur-saignant du Pacifique 'Luxuriant' (*Dicentra formosa* 'Luxuriant'), zone 3

Le cœur-saignant du Pacifique est une plante originaire des forêts de séquoias de la Californie. Le cultivar 'Luxuriant' est quant à lui un cœur-saignant nain qui produit de jolies petites fleurs rose foncé en forme de cœur. La floraison, très abondante, s'échelonne de la fin de mai à la fin de septembre. Le feuillage de cette petite plante vivace, qui n'atteint pas plus de 30 cm de hauteur sur autant de largeur, est finement découpé comme celui des fougères, ce qui la rend encore plus attrayante. Ce cœur-saignant doit être planté en sol riche et humide à

Cœur-saignant du Pacifique 'Luxuriant' (Dicentra formosa *'Luxuriant'*) ▶

l'ombre légère ou modérée. Il tolère cependant un ensoleillement plus soutenu, pourvu qu'il soit protégé des rayons du soleil de midi et que le sol reste constamment humide.

Hakonechloa 'Aureola' (*Hakonechloa macra* 'Aureola'), zone 4

Originaire du Japon, l'hakonechloa 'Aureola' est une des rares graminées de couleur jaune à croître à l'ombre.

▲ *Hakonechloa 'Aureola'* (Hakonechloa macra *'Aureola'*).

En effet, si elle est plantée dans un sol riche et constamment frais, elle s'accommode facilement d'une ombre légère ou même moyenne. Son magnifique feuillage jaune, dont le centre est traversé d'une fine ligne verte, ressemble à une épaisse chevelure blonde. Sa croissance est relativement lente, et elle peut atteindre environ 40 cm de hauteur sur un peu plus de largeur.

Hosta 'Sum and Substance' (*Hosta* 'Sum and Substance'), zone 3

Le hosta 'Sum and Substance' est tout simplement merveilleux; c'est d'ailleurs le plus apprécié des membres de l'American Hosta Society. C'est probablement le plus gros hosta à feuillage jaune; il atteint à maturité une hauteur de 75 cm et une largeur de 1,5 m. Pour que son feuillage ne soit pas teinté de vert mais plutôt entièrement jaune, vous devez le planter dans un endroit recevant au moins 4 à 5 heures de soleil par jour. Son feuillage assez épais et cireux n'attire pas les limaces autant que certains autres cultivars aux feuilles plus tendres. Finalement, il produit de jolies fleurs lavande qui s'élèvent légèrement au dessus des feuilles.

Hosta 'Sum and Substance' (Hosta *'Sum and Substance'*) ▶

Lis martagon 'Album Superbum' (*Lilium martagon* 'Album Superbum'), zone 3

C'est probablement le lis le plus tolérant à l'ombre qui soit. Il produit de longues hampes d'environ 70 cm de hauteur garnies de magnifiques fleurs retombantes dont les pétales blancs, curieusement retroussés, laissent voir des étamines de couleur jaune ocre. La floraison, qui dure près de trois semaines, commence vers la fin de juin. Le lis martagon se cultive facilement dans une bonne terre à jardin brune bien drainée, à l'ombre légère ou moyenne. Il est préférable de planter ce lis derrière des plantes basses qui cachent sa base souvent dégarnie et peu esthétique.

Tricyrtis à poils rudes (*Tricyrtis hirta*), zone 4

La plupart des plantes d'ombre fleurissent au printemps ; avoir des fleurs à l'automne dans un jardin d'ombre constitue donc un défi. Le tricyrtis à poils rudes, qui est originaire du Japon, est une des rares plantes d'ombre à floraison automnale. Sa floraison, qui se produit en septembre et en octobre, est spectaculaire. Ses fleurs, d'une beauté incomparable, sont blanches et recouvertes de petites taches violettes. Les étamines et le pistil, disposés de façon très caractéristique, s'élèvent au-dessus des pétales. Les fleurs s'épanouissent sur de longues tiges qui peuvent atteindre un peu plus de 60 cm de hauteur. C'est une plante qui apprécie les sols riches et frais, situés à l'ombre légère ou moyenne.

Tricyrtis à poils rudes
▼ (Tricyrtis hirta)

Le feuillage bleuté des hostas de Siebold 'Elegans' (Hosta sieboldiana *'Elegans') fait ressortir les jolies fleurs blanches des lis martagon 'Album Superbum'* (Lilium martagon *'Album Superbum').*

LES FEUILLES AVANT LES FLEURS

On pourrait croire qu'en tant qu'horticulteur, je suis un grand passionné des fleurs. Il est vrai que j'aime les fleurs, mais j'ai fait mon apprentissage en horticulture en accordant beaucoup plus d'importance aux feuillages. Les feuillages ont plus de subtilité que les fleurs ; leurs teintes, moins éclatantes, apportent plus de douceur au jardin. La couleur des fleurs est très éphémère et fournit un attrait moins important et moins soutenu que la texture, la forme et la couleur des feuillages.

Ce sont les arbres, les arbustes et même certaines vivaces qui, grâce à leurs feuilles, permettent de structurer le jardin. Ils forment la charpente permanente autour de laquelle sont ensuite disposées les autres plantes. Devant certains feuillages, les vivaces, les annuelles et les plantes bulbeuses ressortent et produisent un effet plus intense. Les feuillages permettent également d'assurer un attrait au jardin pendant plus de six mois par année. Le façonnement de la charpente d'un aménagement paysager doit donc absolument passer par l'utilisation de plantes dont le feuillage est attrayant.

Mieux vaut ne pas trop utiliser de feuillages panachés, c'est-à-dire composés de couleurs variées. Il est beaucoup moins facile de les intégrer aux plantations que les feuillages verts, bleutés ou jaunes. Plantés en grande quantité, ils sèment la confusion et donnent un effet peu naturel à cause de la complexité de leur coloration. Il est cependant intéressant d'en intégrer quelques-uns ici et là dans des massifs de plantes à feuillage vert pour apporter un peu d'attrait aux plates-bandes. Si vous tenez à mélanger divers feuillages panachés, il est important que leurs couleurs et leurs dessins soient semblables.

◄ *Les feuillages rendent souvent les floraisons plus intenses. Devant une toile de fond composée de feuilles, les fleurs sont plus visibles. Les fleurs blanches de cet hortensia à feuilles de chêne 'Snowflake'* (Hydrangea quercifolia *'Snowflake') sont particulièrement bien mises en valeur par les feuillages qui forment la toile de fond.*

▲ *Grâce à leurs formes et à leurs textures caractéristiques, la matteuccie fougère-à-l'autruche* (Matteuccia struthiopteris) *et le darméra à feuilles peltées* (Darmera peltata) *apportent beaucoup de rythme et de dynamisme à cette plantation.*

Le feuillage vert bordé de crème du hosta 'Yellow Boy' (Hosta 'Yellow Boy') *et le feuillage ponctué de blanc de la pulmonaire à longues feuilles* (Pulmonaria longifolia) *apportent juste ce qu'il faut de dynamisme à cette composition.* ▶

En haut, à droite : Les feuillages constituent un des éléments les plus importants de la création d'un aménagement paysager. Grâce à leurs feuilles, les arbres et les arbustes donnent une structure permanente aux jardins.

L'utilisation de conifères et de végétaux au feuillage persistant, comme ce fusain de Fortune 'Emerald Gaiety' (Euonymus fortunei *'Emerald Gaiety') au feuillage vert panaché de blanc crème, crée un attrait au jardin toute l'année.* ▶

UN SOL SAIN, BASE DE LA RÉUSSITE D'UN JARDIN

La réussite d'un jardin ornemental ou d'un potager dépend avant tout de la qualité du sol. Comme il est en quelque sorte le garde-manger des plantes, le sol doit être en parfaite santé afin de pouvoir retenir adéquatement l'eau, l'air et les éléments nutritifs dont elles ont besoin pour bien croître.

Bien structuré

La structure d'un sol se compose d'eau, d'air, de constituants minéraux tels que le sable et l'argile et de constituants organiques tel l'humus. Dans un sol bien structuré, le sable, l'argile et l'humus se lient de façon à laisser circuler entre eux l'air et l'eau en quantité suffisante. Cela lui confère alors les propriétés suivantes : il est facile à travailler, il retient adéquatement les éléments nutritifs essentiels aux plantes et il ne se compacte pas facilement lorsqu'il est soumis au piétinement ou à la pluie.

Si un sol est trop riche en argile (lourd et compact) ou trop sablonneux (poudreux et retenant mal l'eau), vous pouvez envisager deux solutions : choisir des végétaux adaptés à ces types de sols ou en améliorer la structure en vue de cultiver une plus grande variété de plantes.

L'or noir

De façon artisanale, on fabrique le compost en laissant se décomposer des débris organiques (gazon, résidus végétaux de jardin et de cuisine, fumier, feuilles mortes, etc.) jusqu'à ce qu'ils se métamorphosent complètement en un riche terreau de couleur brun foncé. Une fois arrivé à maturité, le compost est presque entièrement composé d'humus (photo 1). La fabrication commerciale ou domestique de compost permet donc de se débarrasser d'une foule de déchets organiques tout en produisant un or noir aux propriétés exceptionnelles.

Les composts commerciaux, quant à eux, contiennent principalement du fumier décomposé. La mention « fumier décomposé » ou « fumier composté » sur un sac indique qu'il s'agit de compost.

1

2

Le compost est sans contredit l'amendement le plus efficace pour bonifier la qualité structurale d'un sol. Il améliore en effet la capacité de rétention en eau, en air et en éléments nutritifs des sols. C'est également un fertilisant de première qualité, puisqu'il peut fournir presque tout l'azote et le soufre ainsi que près du tiers du phosphore exigés par les plantes ornementales, en plus de quantités significatives d'autres éléments nutritifs essentiels à leur croissance. De plus, un ajout annuel de compost permet de nourrir et de garder en santé la faune et la flore du sol (algues, champignons, bactéries, insectes et animaux utiles). Un sol en santé se défend beaucoup plus efficacement contre les maladies et les invasions d'insectes nuisibles.

À chaque plante selon ses besoins

Le compost est généralement mélangé à la terre de plantation des nouveaux végétaux. Vous devez en apporter tous les ans dans le potager, dans les plates-bandes de plantes annuelles et vivaces ainsi qu'au pied de tous les arbustes et jeunes arbres. L'ajout de compost au pied des végétaux se fait idéalement au printemps, à la fin du mois d'avril ou en mai. Vous pouvez également en épandre à l'automne, au moment où les végétaux perdent leurs feuilles et entrent en dormance, sauf sur les sols en pente et sujets au lessivage. Attention, vous devez absolument éviter de mettre du compost entre la fin du mois de juillet et le début de la chute des feuilles, à l'automne ; cela empêcherait les végétaux de transformer leurs tiges vertes en bois et de bien s'endurcir afin d'assurer leur survie durant l'hiver.

Lorsque vous ajoutez du compost au pied des végétaux, il est bon de le faire pénétrer légèrement dans le sol. Vous pouvez effectuer cette opération à l'aide d'un sarcloir en faisant bien attention de ne pas endommager les racines des plantes (photo 2). En revanche, dans le cas de certains végétaux aux racines superficielles et fragiles, comme les clématites (*Clematis* spp.) et les rhododendrons (*Rhododendron* spp.), il est préférable d'enfouir le compost à la main.

Chaque plante a ses besoins propres et il faut les respecter. Bien que l'ajout de compost soit habituellement bénéfique, un apport trop massif peut parfois avoir un impact négatif sur le sol et les végétaux. Voici quelques tableaux regroupant les plantes selon leurs exigences culturales.

TABLEAU 5

Plantes exigeantes nécessitant un sol fertile et riche en humus

(Ajouts annuels importants de compost : 2 kg par m^2, soit 1 cm d'épaisseur en sol riche et jusqu'à 5 kg par m^2, soit 2,5 cm d'épaisseur en sol moins riche.)

LÉGUMES	Artichaut, aubergine, chou, concombre, courge, courgette, maïs, tomate
ANNUELLES	Agérate, bégonia, célosie, coléus, géranium, géranium lierre, impatiente, nicotine, pensée, pétunia, ricin
VIVACES	Aconit, anémone, astilbe, barbe-de-bouc, bergénia, cimicaire, cœur-saignant, digitale, filipendule, galane, heuchère, hosta, iris de milieux humides, lamier, ligulaire, lobélie, pachysandre, phlox des jardins, pied-d'alouette, pivoine, primevère, pulmonaire, tiarelle, violette
ARBUSTES	Clématite, hortensia, rhododendron, rosier *floribunda*, rosier *grandiflora*, rosier hybride de thé.
ARBRES	Chêne des marais, chêne pédonculé, érable à sucre, hêtre, magnolia, marronnier, noyer, pruche, tilleul

TABLEAU 6

Plantes s'accommodant d'une terre à jardin brune

(Ajouts annuels moyens de compost : 1 kg par m^2, soit 0,5 cm d'épaisseur en sol riche et jusqu'à 3 kg par m^2, soit 1,5 cm d'épaisseur en sol moins riche.)

LÉGUMES	Ail, basilic, betterave, carotte, ciboulette, laitue, oignon, poireau, poivron, pomme de terre, radis
ANNUELLES	Cléome, lavatère, matricaire, muflier, statice, verveine
VIVACES	Alchémille, ancolie, aster, bugle rampant, campanule, centaurée, chrysanthème, géranium, hémérocalle, iris des jardins, liatris, lis, lupin, lysimaque, mauve, monarde, muguet, pavot, pervenche, salicaire, véronique
ARBUSTES	Cerisier décoratif, chèvrefeuille, cotonéaster, forsythia, hortensia 'Annabelle', lilas, seringat, spirée, viorne, weigéla
ARBRES	Cerisier, chêne, épinette, érable, mélèze, pommetier, prunier

Pages précédentes :
Les iris de milieux humides, tels que les iris du Japon (Iris ensata)*, nécessitent un sol riche en humus et très humide durant tout l'été. Cependant, en août on cesse les arrosages en prévision de l'hiver.*

▲ *Amandier de Chine à fleurs doubles 'Multiplex'* (Prunus triloba *'Multiplex'*)

TABLEAU 7

Plantes peu exigeantes poussant très bien en sol pauvre et sableux

(Légers ajouts annuels de compost : de 0 à 1 kg par m^2, soit l'équivalent de 0 à 0,5 cm d'épaisseur.)

LÉGUMES	Fève, haricot, pois
ANNUELLES	Alysse, gazania, pavot de Californie, pourpier, souci
VIVACES	Arabette, aubriète, épiaire, gazon d'Espagne, sagine, yucca
ARBUSTES	Genévrier horizontal, raisin d'ours, tamarix
ARBRES	Bouleau, pin

TABLEAU 8

Plantes s'adaptant facilement à plusieurs types de sols

(La plupart de ces plantes seront plus vigoureuses et florifères avec un ajout moyen de compost équivalent à celui du tableau 6, mais elles peuvent s'accommoder de doses semblables à celles du tableau 7.)

ANNUELLES	Amarante, capucine, cinéraire, cosmos, œillet d'Inde, sauge, souci, tournesol
VIVACES	Achillée, armoise, asclépiade, chardon bleu, coréopsis, échinacée, euphorbe, gaillarde, lavande, lin, orpin, rudbeckia, thym
ARBUSTES	Caragana, cornouiller, fusain, fustet, gadelier, genévrier, physocarpe, potentille, rosier rugueux, saule, symphorine
ARBRES	Aubépine, épinette blanche, épinette de Norvège, érable de l'Amour, févier, frêne, genévrier, olivier de Bohême, orme de Sibérie, peuplier, pin, robinier, saule

Le fumier

Contrairement au compost, le fumier est constitué de matières organiques qui ne sont pas encore complètement décomposées. Vous devez donc absolument éviter d'ajouter du fumier frais à la terre de plantation ou dans les boîtes à fleurs, car en se décomposant, il provoque une augmentation de température suffisamment importante pour empêcher la pousse des jeunes radicelles et pour endommager ou même tuer les racines plus âgées. En revanche, vous pouvez l'étendre à l'automne ou au printemps en surface, au pied des plantes, sans risque de brûler les radicelles.

La plupart des fumiers empaquetés qu'on trouve sur le marché constituent une bonne source d'azote et de potassium, mais ils sont fréquemment pauvres en phosphore. Ils possèdent généralement, une valeur fertilisante légèrement supérieure à celle du compost, mais à court terme seulement; vous pouvez donc les utiliser pour nourrir des plantes très exigeantes. Par ailleurs, le fumier est moins efficace que le compost pour améliorer la stabilité structurale du sol.

La tourbe de sphaigne

Pour traduire *peat moss*, c'est à tort que nous utilisons les mots « mousse de tourbe », puisqu'il s'agit de débris de mousse de sphaigne qui se décomposent lentement dans l'eau pour former un dépôt appelé tourbe. On doit donc dire tourbe de mousse de sphaigne ou, plus simplement, tourbe de sphaigne.

La mousse de sphaigne (photo 3) se trouve dans les endroits où l'eau circule mal, comme les tourbières. Dans ces milieux, le manque d'oxygène et le taux d'acidité élevé ralentissent l'activité des micro-organismes qui ne peuvent plus décomposer adéquatement cette mousse, favorisant ainsi la formation de tourbe de sphaigne (photo 4).

La tourbe de sphaigne est un amendement qui retient bien l'eau et les éléments nutritifs et qui donne une certaine porosité au sol. Elle n'a cependant pas tout à fait les mêmes propriétés que le compost étant donné sa résistance à la décomposition une fois incorporée au sol. D'autres facteurs, comme son pH très acide et le fait qu'elle renferme peu de micro-organismes, font qu'il est préférable de limiter son utilisation au jardin. Vous pouvez cependant la mélanger à de la terre brune sableuse et à du compost pour la plantation de toutes les plantes acidophiles (rhododendrons, bleuets, bruyères, plusieurs conifères, etc.) et de certaines plantes vivaces de milieu acide (épimède, pachysandre, etc.). Il n'est plus nécessaire d'ajouter de la tourbe de sphaigne après la plantation des végétaux acidophiles. Selon une étude du département d'agriculture de l'université du Connecticut, aux États-Unis, les plantes acidophiles équilibrent elles-mêmes le pH du sol qui les entoure en fonction de leurs besoins, à condition qu'une application de compost soit effectuée chaque année.

3

4

Frêne de Pennsylvanie
(Fraxinus pennsylvanica)

UNE PLANTATION PARFAITE

L'arbre qu'on plante soi-même a souvent une grande valeur sentimentale et... matérielle ! Si on ne veut pas le voir mourir au bout de quelques années, mieux vaut le planter de façon adéquate, dans un endroit approprié et surtout loin des fils électriques. Il est également important de choisir un arbre rustique dont les dimensions à maturité n'excéderont pas l'espace disponible.

Un contenu fragile

Les arbres et les arbustes offerts en pots peuvent être plantés durant toute la saison de végétation : du mois d'avril, lorsque le sol est complètement dégelé, jusqu'à la mi-octobre. Les arbres à mottes recouvertes de jute et d'un panier de métal peuvent être plantés durant la majeure partie de la saison de végétation, sauf durant les périodes chaudes de juillet et d'août. Quant aux arbres et aux arbustes à racines nues, ils doivent être plantés lorsqu'ils sont en dormance, en avril ou en octobre. Il est cependant possible d'exécuter les travaux de plantation en dehors des périodes recommandées. Par exemple, on peut encore effectuer la plantation des gros arbres au début de novembre, tant que le sol n'est pas complètement gelé et durci, mais les chances de succès sont meilleures si on le fait avant la mi-octobre.

De l'espace pour s'étirer

En ville et dans les nouveaux développements où la terre n'est pas toujours de très bonne qualité, il faut s'assurer de creuser une fosse de plantation très large, car les racines et les radicelles actives, qui contribuent à la croissance de la plante, se développent surtout dans les 30 premiers centimètres du sol. Chez la plupart des espèces, les racines nourricières poussent plutôt à l'horizontale alors que les racines qui servent à l'ancrage croissent en profondeur.

De bons ingrédients

Le terreau de plantation idéal comprend : une moitié de sol extrait de la fosse (s'il est de mauvaise qualité, remplacez-le par de la terre à jardin brune), une moitié de compost, des os moulus et de la chaux dolomitique au besoin. Le compost est nécessaire pour améliorer la qualité structurale du sol ; il assure aussi une rétention adéquate

Illustration C

Une fosse de plantation adéquate doit avoir une largeur équivalente à deux fois le diamètre de la motte de l'arbre à planter. La profondeur doit être équivalente à une fois et demie la hauteur de la motte.

SOURCE : Cahier des normes en aménagement paysager, Sainte-Foy, Association des Paysagistes Professionnels du Québec, 1994.

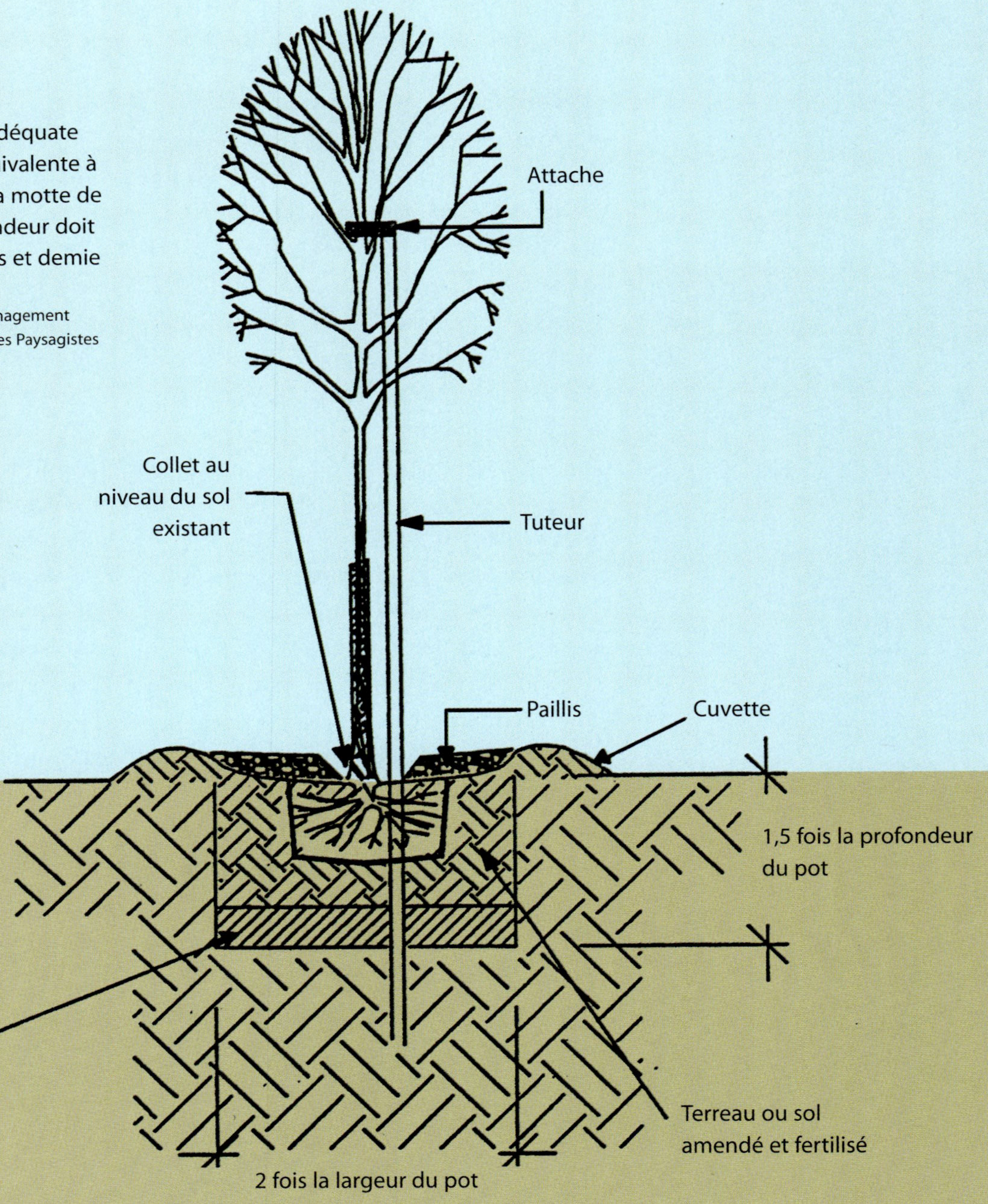

de l'air, de l'eau et des éléments nutritifs. Les os moulus, pour leur part, constituent une source de phosphore, un élément nutritif essentiel au bon enracinement de l'arbre. On ajoute au terreau environ 125 ml (½ tasse ou 2 poignées) d'os moulus pour un petit arbre ou un arbuste, 250 ml (1 tasse) pour un arbre moyen, et on peut augmenter la dose à 500 ml (2 tasses) dans le cas d'un arbre de gros calibre. On met de la chaux dolomitique seulement si une analyse révèle que le terreau possède un pH inférieur à 6 et si l'espèce d'arbre choisie n'est pas adaptée aux sols acides. Tous ces produits doivent être bien mélangés avant d'être utilisés pour la plantation.

Un arbre bien planté

Il est très important de planter l'arbre à la bonne profondeur : pour prévenir la pourriture et le dépérissement, le collet doit être au niveau du sol. Vous pouvez utiliser un manche de pelle pour vous assurer que la motte est placée à la bonne profondeur (photo 5).

Lors de la plantation, il est essentiel de retirer les pots même s'ils sont faits de carton pressé, car ils ne sont pas biodégradables. Pour ne pas briser la motte de terre, enlevez le fond du pot avant de le placer dans la fosse

5

de plantation (photo 6). Coupez ensuite les côtés du pot, puis retirez-les après avoir recouvert la motte de terre jusqu'à la moitié (photo 7).
Si la motte est recouverte de jute et d'un panier de métal, la méthode à suivre est différente. Après avoir déposé la motte dans la fosse de plantation, découpez le panier pour l'extraire entièrement, car il prendrait trop de temps à se dégrader dans le sol (photo 8). Par ailleurs, les racines deviendraient bientôt plus grosses que les mailles du panier et seraient étouffées, ce qui entraînerait le dépérissement et la mort de l'arbre. La fosse de plantation doit être suffisamment large pour que vous puissiez basculer l'arbre de façon à voir le dessous du panier. Coupez toutes les mailles du panier d'un rebord à l'autre en passant par le dessous, de façon à obtenir deux moitiés de panier complètement indépendantes et faciles à enlever.

6

7

8

Par la même occasion, profitez-en pour enlever le jute qui recouvre la motte (photo 9).

Avant de combler la fosse, il est essentiel de s'assurer du bon état des racines. Il faut étaler celles qui s'enroulent autour de la motte et couper celles qui sont brisées, cassées ou mortes afin de favoriser la cicatrisation. Ajoutez ensuite le terreau autour de la motte par couches successives de 15 cm d'épaisseur. Chaque couche est légèrement compactée afin d'empêcher la formation de poches d'air qui pourraient entraîner le gel des racines durant l'hiver (photo 10).

À boire

Tout de suite après la plantation, il est essentiel d'arroser abondamment. Afin que l'eau pénètre dans le sol sans ruisseler loin de l'arbre, aménagez une cuvette en terre d'un diamètre équivalent à celui de la fosse de plantation avec des rebords d'environ 10 cm de hauteur. Cette cuvette

retiendra l'eau de pluie et l'eau d'arrosage durant les premiers mois suivant la plantation. On l'éliminera seulement l'année suivante (photo 11).

Il est également important de stabiliser l'arbre au moyen d'un tuteur de métal fixé aux deux tiers de la hauteur du tronc par une attache conçue à cet effet. Placez le tuteur du côté des vents dominants et enfoncez-le plus profondément que la motte de l'arbre. Au lieu de le planter à l'aide d'une masse, utilisez plutôt un outil spécialement conçu pour ce travail. Cet outil, appelé plante-tuteur, est composé d'un cylindre de métal creux sur lequel sont fixées deux poignées. Bien utilisé, il évite tout risque de blessures (photo 12). Le tuteur et l'attache doivent être enlevés quatre ou cinq ans après la plantation.

La dernière étape consiste à placer un bout de tuyau perforé de couleur blanche à la base du tronc pour le protéger contre les heurts de la tondeuse ou de la débroussailleuse. Il se vend également sur le marché des bandes protectrices fabriquées à cette fin.

Attendez l'année suivante pour pratiquer la taille de formation et pour apporter une fertilisation plus complète ; la plantation est une opération déjà suffisamment stressante pour l'arbre.

Robinier faux acacia
(Robinia pseudoacacia) ▶

TRÈS UTILES, LES PAILLIS ORGANIQUES

Pour effectuer l'entretien d'un aménagement paysager je m'inspire souvent de la nature, parce qu'elle fait très bien les choses. Dans une forêt, par exemple, les feuilles mortes qui tombent à l'automne ont un effet très bénéfique sur le sol et sur les végétaux. L'utilisation des paillis organiques au jardin permet en quelque sorte de reproduire ce phénomène observé dans la nature et offre également une foule d'autres avantages.

De très grandes qualités

À l'instar des feuilles mortes, les paillis organiques agissent de façon très positive sur le sol et sur les plantes. D'abord, ils limitent ou éliminent même complètement la pousse des herbes indésirables. Ils aident également à maintenir une humidité constante dans le sol et, par conséquent, à réduire les arrosages. Tout comme les feuilles mortes, les paillis d'origine organique se décomposent pour former l'humus qui est très riche en éléments nutritifs essentiels aux plantes. Les paillis servent aussi de couverture thermale puisqu'ils diminuent les écarts de température du sol entre le jour et la nuit et entre les saisons, ce qui permet de protéger les racines des plantes contre les effets du gel et du dégel, et d'améliorer la prolifération des micro-organismes utiles (bactéries, champignons, algues, etc.). Finalement, les paillis organiques empêchent l'érosion du sol causée par le vent et la pluie.

Tout un choix

Une foule de matériaux inertes peuvent servir de paillis. Les plus utilisés sont les copeaux de bois et les écorces d'arbre, mais vous pouvez également utiliser des matières trouvées directement sur votre terrain comme des feuilles mortes déchiquetées, des rognures de gazon, des aiguilles de conifères et même de la paille. Seuls les paillis organiques — ceux qui sont composés de matière végétale — possèdent toutes les qualités dont j'ai parlé plus tôt. Les cailloux décoratifs n'ont pas les mêmes caractéristiques, c'est pourquoi leur utilisation au jardin doit être très limitée.

Certains paillis organiques offrent plus d'avantages que d'autres, mais il n'y en a pas un qui soit vraiment parfait. Personnellement, j'utilise beaucoup le paillis de cèdre qui est très efficace pour empêcher les herbes indésirables de pousser. J'apprécie également les écales de cacao qui, grâce à leur texture plus fine, sont beaucoup plus esthétiques que le paillis de cèdre.

Le paillis de cèdre

Le paillis de cèdre est constitué de morceaux d'écorce filamenteux et grossiers, ce qui lui donne un aspect peu esthétique. Lors de son application, ce paillis est de couleur brun roux, mais il prend avec le temps une teinte grisâtre. Sa dégradation complète peut nécessiter jusqu'à trois ans puisqu'il diminue temporairement la prolifération des micro-organismes du sol qui se chargent de la décomposition des matières organiques. C'est un peu le même phénomène qu'on observe dans un placard fait de cèdre où les parasites ne peuvent pas se développer. Pour contrer cet effet, vous n'avez qu'à étendre une fine couche de compost d'environ 3 cm d'épaisseur sous le paillis (photo 13).

13

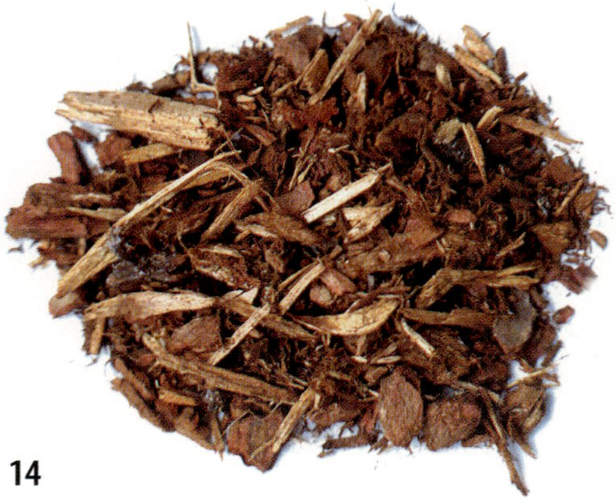

14

Le paillis de pruche

Le paillis de pruche est constitué de morceaux d'écorce d'un aspect plus esthétique que le paillis de cèdre. Ce paillis est brun orangé à l'application et se décolore moins rapidement. Sa décomposition est également très lente. Son prix est cependant assez élevé (photo 14).

15

Les écales de cacao

Les écales de cacao sont beaucoup plus esthétiques que les paillis composés d'écorces d'arbres. Elles se décomposent cependant plus rapidement, ce qui vous obligera à en rajouter un peu tous les ans autour des plantes. À l'application, ce paillis est brun orangé très foncé et il prend une teinte presque noire avec le temps. Il est sujet à la pourriture si vous en mettez une couche trop épaisse ou si vous le placez sur un sol très humide. Évitez également de l'utiliser dans les endroits venteux parce qu'il est très léger (photo 15).

Le bois raméal fragmenté

Ce paillis est composé de copeaux de jeunes branches d'arbres. Jaune brunâtre à l'application, il prend une teinte grise avec le temps. Les copeaux étant généralement très grossièrement déchiquetés, ce paillis n'est pas esthétique. Bien qu'il soit très économique, je vous recommande de limiter son usage aux plantations d'arbres, d'arbustes et de vivaces très vigoureuses (photo 16).

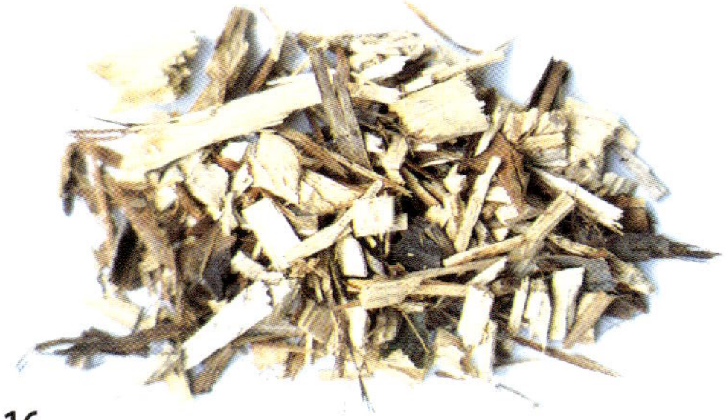

16

Pas de géotextile

Il est préférable de placer les paillis directement sur le sol, sauf dans le cas des pierres décoratives et des écorces très grossières, comme l'écorce de pin par exemple, qui doivent toujours être placées sur un géotextile de façon à éviter la pousse des herbes indésirables. Les géotextiles sont des toiles perméables à l'air et à l'eau spécialement conçues pour recouvrir le sol des plantations ; on les appelle communément couvre-parterres. Malgré tout, l'eau, l'air et les éléments nutritifs se rendent moins facilement dans le sol lorsqu'ils ont à traverser un géotextile en plus d'une couche de copeaux ou de pierres. Vous aurez également plus de difficulté à travailler la terre d'une plate-bande ou à ajouter du compost et des fertilisants au pied des plantes si une toile recouvre entièrement le sol.

Éliminer les indésirables

Avant d'étendre un paillis, il est essentiel d'éliminer toutes les herbes indésirables pour éviter que celles-ci envahissent les plantations. Si vous êtes aux prises avec une herbe très vorace comme le chiendent (*Agropyron repens*) ou la prêle des champs (*Equisetum arvense*), il est essentiel de bien vous en débarrasser avant de planter des végétaux et d'étendre un paillis, car elles peuvent facilement passer à travers une couche de 10 cm de n'importe quel type de paillis. N'utilisez pas un rotoculteur pour vous débarrasser de ces plantes, puisque cela entraîne bien souvent leur multiplication effrénée. Pour étouffer à jamais ces herbes, vous devez d'abord en éliminer le maximum de façon manuelle. Ensuite, vous devez détruire les rhizomes qui restent. Cela peut se faire de deux façons. Vous pouvez appliquer à quelques reprises un produit à base de glyphosate comme le Round-up, mais cela n'est pas très écologique (voir encadré). Vous pouvez aussi installer une toile noire sur la partie infestée pour solariser les bouts de plantes qui sont toujours présents dans le sol, c'est-à-dire les faire brûler par la chaleur du soleil.

Une épaisseur suffisante

Pour la plupart des plantations, une épaisseur de paillis de 5 cm à 7,5 cm au maximum suffit. Le paillis peut toucher la base des arbustes et le tronc des arbres sans problème. Il est cependant préférable de repousser le paillis de quelques centimètres autour de la base des plantes vivaces et des annuelles de façon à ne pas nuire à leur croissance. Dans une plate-bande de vivaces, il n'est généralement pas nécessaire de remplacer le paillis une fois qu'il est complètement décomposé, après trois ou quatre ans, puisque la plupart des plantes toucheront alors leurs voisines, ce qui diminue l'ensoleillement au sol et limite grandement la pousse d'herbes indésirables.

Page suivante : Échinacée pourpre (Echinacea purpurea) *et échinacée à fleurs blanches* (Echinacea purpurea *'Alba'*).

Petite privation d'azote

La dégradation des paillis organiques par les micro-organismes du sol crée, durant les premières semaines, une carence en azote. Pour bien décomposer la matière ligneuse dont sont constituées les écorces et les écales, les micro-organismes doivent consommer l'azote du sol au détriment des plantes. Ce phénomène s'estompe au bout de quelques semaines et le paillis, alors transformé en humus, fournit de l'azote. Pour éviter un ralentissement de la croissance des plantes, il est donc préférable d'appliquer du compost à leur base de façon à leur fournir l'azote qui subviendra à leurs besoins durant la période de carence provoquée par la décomposition du paillis.

Plus long qu'on ne le croyait

Une étude menée par l'Environmental Protection Agency, aux États-Unis, révèle que le glyphosate, l'ingrédient actif du fameux herbicide Round-up, ne se décomposerait pas aussi rapidement que le prétend la compagnie Monsanto qui le fabrique. Sur les 8 parcelles testées, la demi-vie du glyphosate varie de 2,6 jours au Texas à 140 jours dans l'État d'Iowa, situé plus au nord. Ces résultats signifient donc que dans certaines régions du Canada, cette molécule reste plus d'un an dans le sol avant d'être complètement décomposée par les micro-organismes en substances naturelles comme le dioxyde de carbone, et qu'elle risque alors d'être lessivée et entraînée dans les eaux souterraines. La dégradation du glyphosate dépend de la température ainsi que du nombre et de la santé des micro-organismes du sol. Heureusement, cette substance est moins toxique que certaines matières contenues dans d'autres herbicides. Il est tout de même essentiel de restreindre l'utilisation du Round-up aux plantations ornementales et de ne l'employer que si cela est vraiment nécessaire, lorsque le désherbage manuel ne suffit pas à éliminer certaines herbes indésirables comme le chiendent et la prêle des champs.

DIVISER POUR MULTIPLIER

La division est probablement la méthode la plus facile et la plus efficace pour multiplier les plantes vivaces. En plus d'augmenter le nombre de plants, cette technique permet de rajeunir les vieilles vivaces trop touffues qui ne fleurissent plus autant et qui empiètent sur les plantes voisines.

La période idéale

Ne divisez pas les vivaces pendant leur floraison, mais plutôt lorsqu'elles sont en période végétative. De façon générale, on divise les vivaces qui fleurissent tardivement, c'est-à-dire d'août à octobre, au printemps : en avril ou au début de mai. Pour les plantes vivaces à floraison plus hâtive, d'avril à juillet, vous devez procéder à la division vers la fin de l'été, en septembre. Bien sûr, en leur apportant des soins plus soutenus, vous pouvez effectuer la division de certaines plantes vivaces en dehors des périodes idéales. J'ai souvent divisé des hostas (*Hosta* spp.) et des hémérocalles (*Hemerocallis* spp.) en plein mois de juillet, lors de journées nuageuses ou pluvieuses, avec beaucoup de succès. Il est cependant préférable de ne diviser aucune plante après le début du mois d'octobre pour permettre aux jeunes plants de bien s'enraciner avant l'hiver.

Une méthode simple

Avant d'entreprendre la division d'une plante vous devez d'abord la cerner à l'aide d'une pelle. Arrosez abondamment de façon à faire coller la terre aux racines. Ensuite, extrayez la plante du sol en vous assurant de conserver un maximum de terre. Une première méthode consiste simplement à couper la vivace en trois ou quatre parties, de façon à obtenir des plants qui fleuriront dès l'année suivante (photo 17). Si le centre de la plante mère est dégarni parce qu'il est trop

◂ *Hémérocalle 'Patti Neyland'* (Hemerocallis *'Patti Neyland'*)

Hémérocalle 'So Lovely'
(Hemerocallis *'So Lovely'*) ▶

vieux, éliminez-le. Il est relativement aisé de diviser la plupart des vivaces avec une pelle-bêche — petite pelle à forme carrée — bien aiguisée, mais pour d'autres vivaces aux racines plus dures, utilisez plutôt un couteau ou même, dans certains cas, une scie à élaguer. Il est essentiel de travailler à l'aide d'outils propres et parfaitement affûtés. Si les plaies faites aux racines sont nettes, elles se refermeront beaucoup plus rapidement, diminuant ainsi les risques d'attaques d'insectes et de maladies.

On utilise une autre technique lorsqu'on veut obtenir le plus de nouveaux plants possible. D'abord, une fois la plante mère hors de terre, coupez les deux tiers de ses racines. Ensuite, avec un couteau bien aiguisé, séparez-la en petits plants de quelques centimètres de diamètre qui possèdent au moins deux à trois bourgeons ou tiges (photo 18).

18

Certaines plantes telles que les bergénias (*Bergenia* spp.), les cultivars d'iris des jardins (*Iris* x *germanica*) et les sceaux-de-Salomon (*Polygonatum* spp.) possèdent des rhizomes. Les rhizomes, des tiges souterraines émettant des racines et des rameaux aériens, sont faciles à extraire du sol et à diviser. La division, qui s'effectue au printemps, consiste à séparer les jeunes rhizomes latéraux du rhizome principal. À l'aide d'un couteau bien tranchant et propre, prélevez les rhizomes qui atteignent au minimum 5 cm de longueur et qui portent au moins deux bourgeons ou tiges.

Parce qu'ils sont très fragiles, il est essentiel de replanter immédiatement les petits plants obtenus à la suite d'une division et de les arroser abondamment. Comme dans le cas de la plantation de vivaces en pots, le collet des plantes fraîchement divisées doit être placé au niveau de la surface du sol pour éviter qu'il ne pourrisse. Les rhizomes, quant à eux, sont placés à la même profondeur que l'était la plante mère et sont complètement recouverts de terre. En revanche, dans le cas des iris des jardins, vous devez placer les rhizomes de façon que leur partie supérieure soit située légèrement au dessus de la surface du sol. N'oubliez pas non plus de mettre un peu de compost et d'os moulus dans la fosse de plantation afin de favoriser l'enracinement. Vous pouvez placer un paillis au pied des jeunes plantes pour leur assurer une humidité constante et, si le temps est chaud et sec, les recouvrir de jute durant la première semaine. Couper une partie du feuillage peut limiter la transpiration des plants. Enlevez tout au plus la moitié des feuilles; une élimination plus importante ralentit la croissance et rend les végétaux plus sensibles aux maladies.

19

Quelques exceptions

La plupart des vivaces, comme les achillées (*Achillea* spp.), le muguet (*Convallaria majalis*) et la monarde (*Monarda didyma*), se divisent très facilement tous les quatre ou cinq ans. Pour certaines heuchères (*Heuchera* spp.), la division devient carrément essentielle. Mis à part plusieurs hybrides d'*H. americana* et d'*H. micrantha* qui ne posent pas de problèmes, la division des heuchères doit être faite tous les trois ans au printemps ou à l'automne, pour éviter la lignification de leur souche. Les astilbes (*Astilbe* spp.) présentent une autre situation où la division est très utile. Exécutée aux trois ou quatre ans au printemps ou à l'automne, elle permet d'éviter la formation de couronnes de racines très lignifiées qui se soulèvent hors du sol. Comme les racines des astilbes sont relativement dures, vous devez effectuer leur division à l'aide d'une scie à élaguer ou d'une égoïne bien propre (photo 19). Les astilbes de Chine (*Astilbe chinensis*) font cependant exception puisqu'elles peuvent être divisées au printemps et tous les cinq à six ans seulement.

La division n'est toutefois pas essentielle à toutes les plantes. Quelques-unes, telles que les hostas (*Hosta* spp.), peuvent passer quelques décennies au même endroit sans être divisées. En fait, plus ces plantes vieillissent, plus leur apparence s'améliore. D'autres, comme les pivoines (*Paeonia* spp.), ne doivent pas être divisées avant une dizaine d'années, puisqu'elles n'aiment pas être dérangées.

Finalement, quelques plantes vivaces ne peuvent être multipliées par division. Certaines d'entre elles, comme la scabieuse du Caucase (*Scabiosa caucasica*), possèdent très peu de racines, ce qui rend leur division très difficile. D'autres, comme les ancolies (*Aquilegia* spp.), ont des racines pivotantes et profondes qui ne peuvent être divisées. Le tableau suivant donne une liste des plantes qui ne se prêtent pas à la division.

Page suivante : Ancolie 'Dragonfly' (Aquilegia *'Dragonfly'*)

TABLEAU 9

Plantes vivaces ne se prêtant pas à la division

(Toutes ces plantes peuvent être achetées en pots ou encore être propagées par des méthodes alternatives.)

Nom latin	Nom français	Autres techniques de propagation
Aquilegia spp. et hybrides	Ancolie, espèces et hybrides	Semis extérieur à l'automne ou semis intérieur en février et en mars, après un traitement des semences au froid pendant 21 jours.
Asclepias tuberosa	Asclépiade tubéreuse	Boutures des extrémités des tiges au printemps ou semis extérieur à l'automne.
Centranthus ruber	Valériane rouge	Semis extérieur en tout temps.
Dictamnus albus	Fraxinelle	Semis extérieur à la fin de l'été.
Echinacea purpurea	Échinacée pourpre	Semis extérieur à l'automne ou semis intérieur en février et en mars, après un traitement des semences au froid pendant 30 jours. Division possible, mais produit des plants trapus et moins florifères.
Eryngium spp.	Panicaut	Semis extérieur à l'automne ou semis intérieur en mars, après un traitement au froid pendant 30 jours.
Gypsophila paniculata	Gypsophile	Boutures au printemps ou semis extérieur au printemps ou à l'automne.
Iberis spp.	Ibéris	Boutures des extrémités des tiges au début de l'été ou semis extérieur au printemps ou à l'automne.
Limonium latifolium	Statice	Semis extérieur à l'automne.
Linum spp.	Lin	Boutures au début de l'été ou semis à l'automne.
Lupinus spp. et hybrides	Lupin, espèces et hybrides	Semis extérieur à la fin de l'été ou semis intérieur en godets de tourbe en février, après avoir fait tremper les semences pendant 24 heures. Transplanter les rejets qui sortent à la base du plant mère.
Lychnis calcedonica	Croix de Jérusalem	Semis extérieur à la fin de l'été ou semis intérieur en avril, après un traitement des semences au froid pendant 7 jours.
Ruta graveolens	Rue	Boutures de tiges à la fin de l'été.
Scabiosa caucasica	Scabieuse du Caucase	Semis extérieur au printemps.

Les fleurs de la scabieuse naine 'Butterfly Blue' (Scabiosa *'Butterfly Blue') sont mises en valeur par le feuillage pourpre de l'heuchère 'Regal Robe'* (Heuchera *'Regal Robe'*).

HALLUCINANTES HEUCHÈRES

Nom latin : *Heuchera*

Nom commun : heuchère

Type : plante herbacée vivace

Famille : saxifragacées

Période de floraison : fin du printemps et été

Couleurs : blanc, rose et rouge

Exposition : soleil, mi-ombre et ombre légère (plusieurs cultivars tolèrent l'ombre moyenne)

Sol : riche, humide et bien drainé, avec un pH modérément acide situé entre 5,5 et 7

Rusticité : à partir de la zone 3

Les heuchères sont des petites plantes vivaces très appréciées pour leurs jolies fleurs rouges, roses ou blanches réunies en grappes, et qui s'épanouissent au-dessus du feuillage à la fin du printemps et durant l'été. Cependant, depuis l'arrivée de nouveaux cultivars venus de l'État d'Orégon, aux États-Unis, on les cultive surtout pour la grande variété de couleurs, de formes et de textures qu'offrent leurs feuillages.

Ces plantes appartiennent à la famille des saxifragacées, tout comme quelques autres vivaces très prisées des jardiniers telles que les astilbes (*Astilbe* spp.) et les bergénias (*Bergenia* spp.). Quelques espèces d'heuchères poussent à l'état indigène en Amérique du Nord. Aux États-Unis, on retrouve *H. americana* et *H. micrantha* qui sont à l'origine de plusieurs nouveaux cultivars. En Arizona, au Nouveau-Mexique et au Mexique, on retrouve l'heuchère sanguine (*H. sanguinea*) qui est souvent utilisée dans nos aménagements paysagers.

Les heuchères peuvent pousser dans différentes conditions d'ensoleillement. Elles préfèrent généralement les sols riches, frais et bien drainés. En sol toujours humide, plusieurs cultivars s'accommodent bien du soleil, dans la mesure où ils sont protégés des rayons brûlants du début d'après-midi afin d'éviter que leur feuillage ne se décolore. Mais la majorité des heuchères préfèrent la mi-ombre ou encore une ombre légère et même moyenne dans certains cas.

▲ *Heuchère sanguine* (Heuchera sanguinea)

On doit diviser plusieurs cultivars d'heuchères tous les trois ou quatre ans pour éviter la lignification de la souche, bien que la plupart des cultivars d'*H. americana* et d'*H. micrantha* ne semblent pas présenter ce problème. Vous pouvez effectuer la division du début d'avril à la mi-mai ou en septembre. Si la souche est bien lignifiée, vous devez alors couper les rosettes de feuilles en éliminant les parties devenues trop dures puis les replanter en pleine terre. Placez un paillis au pied des heuchères pour maintenir une bonne humidité dans le sol. Donnez-leur également un apport annuel de compost; environ 2 kg par m^2, soit 1 cm d'épaisseur en sol riche et jusqu'à 5 kg par m^2, soit 2,5 cm d'épaisseur, en sol moins riche.

Heuchère 'Mint Julep' (*Heuchera* 'Mint Julep'), zone 4

Cette heuchère possède un joli feuillage vert moyen dont toutes les nervures sont vert très foncé. Avec le temps, les parties comprises entre les

nervures se teintent légèrement de gris. Son feuillage peut atteindre 30 cm de hauteur sur près de 60 cm de largeur. Elle forme également de petites grappes de fleurs roses qui s'élèvent au-dessus de ses feuilles. Cette heuchère tolère particulièrement bien le manque de soleil; elle peut donc être plantée sans problèmes dans les endroits où l'ombre est moyenne.

Heuchère 'Pewter Veil' (*Heuchera* 'Pewter Veil'), zone 4
Les feuilles de cette heuchère sont teintées de rose et de gris lorsqu'elles sont jeunes. Avec le temps, les parties comprises entre les nervures glauques prennent une couleur grise plus prononcée. C'est la plante idéale pour mettre en valeur les fleurs bleues et roses. Ses petites grappes de fleurs pourpres teintées de vert atteignent environ 60 cm de hauteur tandis que le feuillage n'atteint généralement que la moitié de cette hauteur sur 45 cm de largeur.

◄ *Heuchère 'Mint Julep'* (Heuchera *'Mint Julep'*)

Heuchère 'Pewter Veil' (Heuchera *'Pewter Veil'*) ►

Heuchère 'Purple Petticoats'
(Heuchera *'Purple Petticoats'*) ▼

Heuchère 'Purple Petticoats' (*Heuchera* 'Purple Petticoats'), zone 4

Voilà une heuchère des plus originales. Le dessus de ses feuilles est pourpre, les marges sont très frisées et souvent retournées, laissant voir le dessous qui est de couleur bourgogne. Certains horticulteurs s'y méprennent parfois, croyant qu'il s'agit d'un nouveau cultivar de chou décoratif ! C'est une plante tout à fait singulière qu'il faut mettre en évidence dans un aménagement paysager.

▲ *Heuchère 'Regal Robe'* (Heuchera *'Regal Robe'*)

Heuchère 'Regal Robe' (*Heuchera* 'Regal Robe'), zone 4

L'étonnant feuillage de cette heuchère est pourpre très foncé et semble être recouvert d'une fine bruine argentée qui lui donne parfois des reflets roses. Chaque feuille peut atteindre un peu plus de 10 cm de largeur. Sans ses fleurs blanches, le feuillage atteint environ 30 cm de hauteur sur près de 60 cm de largeur. Cette heuchère se marie très bien aux hostas dont le feuillage est bleuté, aux végétaux qui ont un feuillage gris ou à des fleurs de couleur mauve ou rose magenta.

Heuchère 'Stormy Seas' (*Heuchera* 'Stormy Seas'), zone 4
J'affectionne particulièrement l'heuchère 'Stormy Seas'. Son nom poétique la décrit très bien. Les parties comprises entre les nervures des feuilles sont grises, tandis que les nervures sont vertes, parfois teintées de pourpre ; le dessous des feuilles est bourgogne. Les marges des feuilles, très ondulées, rappellent le roulis des vagues. Cette plante superbe se marie très bien aux petites fougères et aux cœurs-saignants nains.

On voit ici une superbe association entre un cœur-saignant nain (Dicentra eximia) *aux fleurs roses et l'heuchère 'Stormy Seas'* (Heuchera *'Stormy Seas'*).

Heuchère 'Stormy Seas'
(Heuchera *'Stormy Seas'*) ▶

Heuchère 'Velvet Night' (*Heuchera* 'Velvet Night'), zone 4
L'heuchère 'Velvet Night' est probablement le plus foncé des cultivars. Ses feuilles veloutées, presque noires, qui peuvent parfois atteindre 18 cm de diamètre, sont subtilement recouvertes de gris et de mauve. Bien associée à des végétaux aux feuilles et aux fleurs jaunes ou crème, ou encore à des fleurs roses, elle surprend agréablement par l'effet puissant qu'elle impose.

Le feuillage de l'heuchère 'Velvet Night' (Heuchera *'Velvet Night') contraste de façon dramatique avec les feuilles jaunes de l'hakonechloa 'Aureola'* (Hakonechloa macra *'Aureola').* ▶

GRACIEUSES ASTILBES

Les astilbes figurent parmi les plantes vivaces les plus recherchées pour la création d'un jardin à l'ombre. Leur feuillage très ornemental et leurs fleurs spectaculaires ont largement contribué à leur popularité. Elles apportent beaucoup d'attrait et de dynamisme au jardin.

Bien que les botanistes ne s'entendent pas tous sur ce nombre, le genre *Astilbe* comprend environ 25 espèces. Mis à part *A. biternata,* qui est indigène aux États-Unis, les différentes espèces retrouvées en nature sont toutes originaires d'Asie, principalement de Chine, de Corée, du Japon, de Java et de l'est de l'Himalaya. Sept d'entre elles sont tropicales. Les espèces botaniques sont toutefois presque absentes du marché horticole parce que les divers travaux d'hybridation ont permis la création de nombreux cultivars aux qualités ornementales supérieures.

Le feuillage très découpé des astilbes est particulièrement ornemental. Il est généralement de couleur vert moyen à vert foncé. Cependant, au printemps, peu après le bourgeonnement, certains cultivars ont des feuilles rougeâtres ou de couleur bronze. Un peu plus tard durant la saison, les feuilles prennent une coloration verte. Certains cultivars à fleurs rouges ou rose foncé conservent une légère teinte bronze sur les marges et sur les parties comprises entre les nervures.

Ce sont surtout les magnifiques fleurs des astilbes qui font leur charme et leur beauté. Sous le couvert des arbres, les teintes des fleurs sont si intenses qu'elles éclipsent toutes celles des autres plantes d'ombre. Selon les cultivars, la couleur des fleurs varie du rouge au blanc en passant par toutes les teintes de magenta, de lilas, de lavande et de rose. Les minuscules fleurs des astilbes sont regroupées en une superbe panicule souvent appelée plume ou plumeau. La panicule peut atteindre de 10 à 40 cm de longueur ; certaines astilbes naines n'atteignent que 15 cm de hauteur lorsqu'elles sont en pleine floraison, tandis que d'autres peuvent atteindre jusqu'à 1,5 m de hauteur. Selon les cultivars et les conditions environnementales, la floraison des astilbes s'étale de la fin de juin jusqu'au début de septembre et se prolonge durant deux à quatre semaines.

Nom latin : *Astilbe*
Nom commun : astilbe
Type : plante herbacée vivace
Famille : saxifragacées
Période de floraison : été
Couleurs : blanc, rose et rouge
Exposition : soleil, mi-ombre et ombre légère (quelques cultivars tolèrent l'ombre moyenne)
Sol : riche, humide et bien drainé, avec un pH modérément acide situé entre 5,5 et 7
Rusticité : à partir de la zone 3

Des exigences particulières

Les astilbes sont souvent considérées comme des plantes d'ombre. En effet, la plupart des astilbes préfèrent la mi-ombre ou l'ombre légère et quelques cultivars peuvent même tolérer l'ombre moyenne. La plupart des cultivars apprécient également les situations ensoleillées, à condition que le sol soit maintenu humide en tout temps. Les astilbes ne poussent cependant pas bien à l'ombre trop dense. Sous le couvert d'arbres au feuillage très épais comme les conifères ou de vieux érables de Norvège (*Acer platanoides*) par exemple, les astilbes produisent très peu de fleurs et n'ont généralement pas une croissance acceptable. En revanche, elles s'implantent bien à la base d'arbres plus jeunes et moins touffus, surtout au pied des chênes (*Quercus* spp.) qui ne forment pas un feutre racinaire envahissant.

Dans la nature, les astilbes poussent dans des régions où l'humidité atmosphérique est très élevée. Elles privilégient les endroits où le sol reste constamment humide dans certaines forêts de feuillus. Elles affectionnent aussi les sols longeant les cours d'eau. Finalement, on les retrouve parfois en plein soleil dans certaines prairies humides. Au jardin, il est donc essentiel de leur fournir un sol léger ayant une bonne capacité de rétention d'eau et d'éléments nutritifs. Plantez vos astilbes dans un terreau composé d'une moitié de terre à jardin brune ordinaire, ou de sol existant s'il est de bonne qualité, et d'une moitié de compost. Comme les astilbes sont des plantes exigeantes, vous devrez ensuite épandre du compost à leur pied tous les ans. Assurez-vous de faire un apport annuel de 2 kg de compost par m^2 (1 cm d'épaisseur) dans un sol déjà riche et donnez-leur jusqu'à 5 kg par m^2 (2,5 cm d'épaisseur), si le sol est pauvre ou si les plantes sont soumises à une forte compétition racinaire.

Il est possible d'obtenir des astilbes très florifères et vigoureuses en n'ajoutant que du compost à la terre. À la suite d'une analyse du sol, il est parfois nécessaire d'apporter un peu d'engrais à certaines astilbes qui ne semblent pas croître de façon normale, par exemple celles qui sont placées sous des arbres très voraces. Un engrais qui possède un ratio 1,5-2,5-1 convient bien aux astilbes comme à la plupart des vivaces cultivées pour leurs fleurs. Mais, vous pouvez aussi vous limiter à apporter des os moulus tous les deux ou trois ans. Vous pouvez épandre jusqu'à 22 kg d'os moulus par 100 m^2, ce qui équivaut à environ 30 ml (une poignée) par plant. Faites cependant attention de bien distribuer les os moulus puisqu'ils ont tendance à s'agglutiner en croûte s'ils sont accumulés au même endroit. Comme le phosphore est un élément peu mobile, vous devez le faire pénétrer légèrement dans le sol ou le mélanger au compost.

La pose d'un paillis organique au pied des astilbes a également un effet très bénéfique sur leur croissance et leur développement. Un paillis permet d'empêcher la pousse des herbes indésirables et de retenir plus d'humidité durant les périodes chaudes et sèches du milieu de l'été. De plus, un couvre-sol inerte comme le paillis de cèdre ou les écales de cacao entraîne la formation de racines situées plus près de la surface du sol, ce qui réduit la tendance naturelle des astilbes à former des couronnes de racines très dures et lignifiées qui se soulèvent hors du sol. Ce phénomène, qu'on peut observer quelques années après la plantation, entraîne une perte de vitalité. La division des souches tous les trois ou quatre ans permet également d'enrayer ce phénomène.

Plusieurs plantes ornementales tolèrent une sécheresse passagère : elles se fanent et, après avoir été arrosées, reprennent leur forme originale. Les astilbes, pour leur part, ne doivent jamais manquer d'eau. Lorsque cela leur arrive, le bord de leur feuillage brunit. Parfois même, toutes les feuilles de l'astilbe se dessèchent et meurent.

Une superbe association entre l'astilbe de Chine 'Intermezzo' (Astilbe chinensis *'Intermezzo'), le platycodon 'Mariesii'* (Platycodon grandiflorus *'Mariesii'), la physostégie 'Summer Snow'* (Physostegia virginiana *'Summer Snow') et la monarde 'Blaustrumpf'* (Monarda didyma *'Blaustrumpf', syn. 'Blue Stocking') située à l'arrière-plan. La forme des inflorescences des astilbes et les couleurs choisies pour cette composition donnent beaucoup de romantisme et de légèreté à cette plate-bande.* ▶

Beaucoup d'astilbes peuvent former de nouvelles pousses pour remplacer celles qu'elles ont perdues, mais une sécheresse prolongée peut tout de même, dans certains cas, entraîner la mort de la plante.

Presque toutes rustiques en zone 3, les astilbes sont très résistantes aux attaques des insectes et des maladies, et n'exigent habituellement pas d'être tuteurées. Ce sont vraiment des plantes fantastiques qui demandent un entretien relativement simple.

Des associations parfaites

Les astilbes se marient parfaitement à certaines plantes qui affectionnent les sols humides, comme les hostas (*Hosta* spp.), les iris de Sibérie (*Iris sibirica*) et les ligulaires (*Ligularia* spp.). Elles s'associent également bien aux aconits (*Aconitum* spp.), aux anémones (*Anemone* spp.), aux campanules (*Campanula* spp.) et à certaines autres plantes qui possèdent des feuillages ornementaux comme les fougères, le brunnéra (*Brunnera macrophylla*), les épimèdes (*Epimedium* spp.), les heuchères (*Heuchera* spp.), les sceaux-de-Salomon (*Polygonatum* spp.), les pulmonaires (*Pulmonaria* spp.), les rodgersies (*Rodgersia* spp.) et les tiarelles (*Tiarella* spp.). Les cultivars les plus hauts, comme *A.* 'Professor van der Wielen' (*thunbergii* hybride) ou *A. chinensis* var. *taquetii* 'Superba', peuvent être utilisés pour structurer le jardin ; ils servent alors de fond de scène ou de pivots autour desquels sont ensuite placées les autres plantes vivaces. Quelques cultivars, comme *A. chinensis* 'Pumila', forment une couronne de feuilles plus aérée et plus lâche que les autres. Ces astilbes constituent donc de bons couvre-sols, puisqu'elles ont tendance à s'étaler comme le font les plantes à rhizomes. Ainsi placées à l'avant des plantations, elles font ressortir certains arbustes et certaines vivaces plus hautes.

▲ *Une association très surprenante entre le feuillage vert panaché de jaune du hosta de montagne 'Aureomarginata'* (Hosta montana *'Aureomarginata') et les fleurs rouge foncé de l'astilbe 'Rotlicht'* (Astilbe *x* arendsii *'Rotlicht', syn. 'Red Light').*

Une histoire étonnante

Astilbe x *arendsii* et ses hybrides

La plupart des espèces d'astilbes introduites en Europe au XIXe siècle étaient de couleur blanche. Ce sont les travaux d'hybridation des astilbes effectués par Georg Arends, au début du XXe siècle, qui ont permis l'introduction d'une plus grande variété de formes et de couleurs de fleurs. En quelques décennies, Arends a complètement transformé le genre *Astilbe* en créant plus de 75 nouveaux cultivars.

Il effectue d'abord des croisements entre *A. astilboides*, *A. japonica* et *A. thunbergii*, trois espèces à fleurs blanches, et *A. chinensis*, dont les fleurs sont roses. En 1904, deux de ses cultivars, *A.* x *rosea* 'Peach Blossom' et *A.* x *rosea* 'Queen Alexandra', qu'il présente à l'exposition de la Royal Horticultural Society de Londres, obtiennent la médaille d'or. À la suite de ce grand succès, il entreprend dès l'année suivante des travaux d'hybridation en utilisant cette fois *A. chinensis* var. *davidii*. Cette astilbe, d'origine chinoise, est plus grande que *A. chinensis* et produit de longues inflorescences de couleur rose pourpre. Comme elle fleurit tardivement, Arends doit la forcer à fleurir plus tôt pour réussir à l'hybrider avec les autres espèces qui sont plus hâtives. Il obtient une foule de nouveaux cultivars plus attrayants les uns que les autres qu'il classe alors sous le nom d'*Astilbe* x *arendsii*. En 1909, il introduit ses nouveaux cultivars sur le marché. Les tout premiers sont 'Ceres', aux fleurs lilas, ainsi que 'Venus', aux fleurs rose pourpre.

En 1930, Arends découvre à travers ses semis une astilbe qui produit des fleurs rouges et dont le feuillage est de couleur bronze. Ce premier cultivar à fleurs rouges, baptisé 'Fanal', a remporté plusieurs prix dont le fameux Award of Garden Merit, un symbole d'excellence décerné par la Royal Horticultural Society d'Angleterre aux plantes qui ont des qualités horticoles exceptionnelles. C'est encore aujourd'hui un des cultivars d'astilbe à fleurs rouges les plus performants. En 1940, il crée également le cultivar 'Feuer' (syn. 'Fire'), aux fleurs d'un rouge plus intense encore. Le groupe des *A.* x *arendsii* comprend la majorité des astilbes maintenant offertes sur le marché horticole nord-américain.

L'astilbe 'Amethyst' (Astilbe *x* arendsii ▶ *'Amethyst'), introduite en 1920, possède de superbes fleurs rose violacé, bien dégagées du feuillage, qui s'élèvent à environ 95 cm du sol. Sa floraison, qui survient généralement à la mi-juillet, est une des plus spectaculaires.*

Un grand passionné

Georg Arends est né en 1863 dans la ville d'Essen, en Allemagne. Toute sa vie a été consacrée à l'horticulture. Tout jeune, il travaille pour son père qui possède alors plusieurs serres où poussent plantes tropicales et fleurs à couper. À l'âge de 16 ans, il entreprend des études pour devenir jardinier. En 1884, une fois ses cours complétés, il travaille au jardin botanique de Breslau. Il travaille ensuite dans une immense pépinière située près de Londres, en Angleterre. En 1886, il se rend à Trieste, en Italie, en tant que jardinier en chef d'une pépinière spécialisée dans la culture de plantes d'intérieur. Deux ans plus tard, il ouvre sa propre pépinière à Ronsdorf, au nord de Cologne ; c'est là qu'il entreprend ses travaux d'hybridation menant à la création de plusieurs cultivars qu'on trouve encore aujourd'hui sur les marchés horticoles d'Europe et d'Amérique du Nord. En plus d'une quantité impressionnante de cultivars d'astilbe, on lui doit le fameux *Hosta sieboldiana* 'Elegans', la *Ligularia dentata* 'Othello', le *Sedum* 'Herbstfreude' (syn. 'Autumn Joy') et le *Bergenia* 'Silberlicht'. Arends a effectué des travaux d'hybridation avec une grande diversité de végétaux ; il était aussi à l'aise avec les vivaces qu'avec les arbustes. En 1914, sa pépinière couvrait 13 hectares et employait 76 personnes. Malheureusement, durant la Deuxième Guerre mondiale, une grande partie de ses nouveaux cultivars ont été ensevelis sous les décombres, lors de raids aériens qui détruisent ses serres. Il décède quelques années plus tard à l'âge de 88 ans. Sa pépinière est encore ouverte aujourd'hui ; elle est administrée par sa petite-fille.

Astilbe chinensis et ses hybrides

A. chinensis est une petite plante aux fleurs roses qui atteint environ 50 cm de hauteur. En Chine, d'où elle est originaire, elle pousse habituellement près des cours d'eau ombragés et dans les bois humides. Deux types de cultivars sont issus d'*A. chinensis*. On retrouve d'abord des cultivars nains qui proviennent tous d'*A. chinensis* var. *pumila*, rapportée du Tibet en 1911, et également, des cultivars plus grands qui sont issus de *A. chinensis* var. *taquetii*, une variété originaire de Chine et introduite en Europe en 1910.

En 1932, Georg Arends a sélectionné *A. chinensis* var. *pumila* pour réaliser des travaux d'hybridation. On retrouve maintenant cette variété très populaire sous le nom d'*A. chinensis* 'Pumila'. Grâce à son feuillage bas qui n'atteint pas plus de 20 cm de hauteur, à sa capacité de s'étendre rapidement et à sa plus grande résistance à la sécheresse, ce cultivar est un excellent couvre-sol pour les endroits ombragés. *A. chinensis* 'Pumila' forme de jolies panicules qui atteignent environ 30 cm de hauteur. Sa floraison survient en août, donc plus tardivement que chez les autres astilbes, et dure parfois un peu plus d'un mois, s'étalant ainsi jusqu'au début de septembre. Ses fleurs roses possèdent des étamines bleutées, ce qui donne une magnifique coloration rose violacé aux panicules. C'est à partir du cultivar 'Pumila' qu'ont été créés d'autres cultivars d'astilbe de Chine dont 'Intermezzo' aux fleurs rose pâle, 'Veronica Klose' aux fleurs rose violacé et 'Visions' aux fleurs violet pâle.

Chez les grands cultivars issus d'*A. chinensis* var. *taquetii*, en plus du populaire 'Superba' aux magnifiques fleurs roses, on trouve sur le marché horticole le cultivar 'Purpurlanze'. *A. chinensis* var. *taquetii* 'Purpurlanze' (syn. 'Purple Lance') produit des fleurs d'un superbe rose pourpré sur des tiges qui atteignent un peu plus de 1 m. C'est une des plus grandes astilbes.

▲ *L'astilbe 'Glut'* (Astilbe *x* arendsii *'Glut', syn. 'Glow') est un des plus beaux cultivars à fleurs rouges. Ses jolies fleurs, qui atteignent 75 cm de hauteur, s'épanouissent vers la fin de juillet. Le rouge intense des panicules contraste puissamment avec le vert foncé du feuillage de certains conifères adaptés à l'ombre comme les ifs (*Taxus *spp.) et la pruche (*Tsuga canadensis*).

À gauche : L'astilbe de Chine 'Pumila' (Astilbe chinensis *'Pumila') se trouve très facilement sur le marché. Excellent couvre-sol, c'est un des cultivars d'astilbes qui s'adaptent le mieux à l'ombre modérée et aux sols secs.*

◄ *L'astilbe de Chine 'Intermezzo'* (Astilbe chinensis *'Intermezzo') fut introduite en 1957. En août, lorsque ses longues panicules rose pâle s'épanouissent, elle atteint 50 cm de hauteur.*

Crée récemment par Van Veen, de Hollande, le cultivar 'Visions' possède une floraison hallucinante. Les panicules violet pâle, qui atteignent près de 40 cm de hauteur, s'épanouissent vers la mi-juillet. Dans cette superbe association, les fleurs de l'astilbe de Chine 'Visions' (Astilbe chinensis *'Visions') sont mises en contraste avec les fleurs jaune pâle de l'hémérocalle 'Absolut Zero'* (Hemerocallis *'Absolut Zero').*

◄ *L'astilbe de Chine 'Superba'* (Astilbe chinensis *var.* taquetii *'Superba') produit une longue panicule de fleurs d'un rose beaucoup plus pâle que celui du cultivar 'Purpurlanze'.*

Comme les autres astilbes de Chine, l'astilbe de Chine 'Purpurlanze' (Astilbe chinensis *var.* taquetii *'Purpurlanze') fleurit tardivement, durant une grande partie du mois d'août.* ▼

L'astilbe crispée 'Liliput' (Astilbe *x* crispa *'Liliput') forme de jolies panicules rose pâle tirant légèrement sur le saumon et qui atteignent 20 cm de hauteur. La floraison a lieu vers la mi-juillet.* ►

▲ *L'astilbe 'Bronze Queen'* (Astilbe *'Bronze Queen'* [simplicifolia *hybride*]) *ne ressemble pas à l'*Astilbe simplicifolia. *Ses très grosses panicules roses, bien dégagées du feuillage, atteignent près de 1 m de hauteur.*

En haut de la page: L'astilbe 'Deutschland' (Astilbe *'Deutschland'* [japonica *hybride*]), *créée en 1920 par Georg Arends, forme de superbes panicules de fleurs blanches légèrement retombantes. Ses inflorescences très gracieuses, qui donnent beaucoup de mouvement aux plantations, atteignent environ 60 cm de hauteur et s'épanouissent vers le début de juillet.*

Astilbe x *crispa* et ses hybrides

En 1915, Georg Arends découvre parmi ses semis une astilbe de très petites dimensions, aux fleurs blanc rosé et au feuillage très frisé comme celui du persil. Afin d'obtenir des plantes plus hautes à feuillage frisé, il effectue plusieurs croisements avec des astilbes de plus grandes dimensions. Malgré cela, il obtient toujours de grandes astilbes typiques ou des astilbes naines au feuillage frisé qui n'atteignent jamais plus de 20 cm de hauteur. Arends n'a donc réussi qu'à améliorer la couleur et la forme des panicules de ces dernières. En 1927, il commercialise *A.* x *crispa* 'Liliput', aux fleurs rose teinté de saumon. Plus tard, en 1930, il crée *A.* x *crispa* 'Perkeo', dont les fleurs sont de couleur rose.

Astilbe japonica et ses hybrides

A. japonica est originaire du Japon. Dans la nature, elle croît surtout dans les ravins humides des montagnes. C'est une belle astilbe dont les fleurs blanches atteignent environ 80 cm de hauteur. Plusieurs hybridations effectuées à partir de cette espèce ont mené à la création de cultivars aux panicules généralement plus petites et plus serrées que chez les *A.* x *arendsii*. Les cultivars 'Deutschland' aux fleurs blanches, 'Köln' (syn. 'Cologne') aux fleurs rouges et 'Rheinland' aux fleurs rose foncé figurent parmi les plus performants et les plus disponibles sur le marché horticole nord-américain.

Astilbe simplicifolia et ses hybrides

A. simplicifolia, originaire du Japon, a été introduite en Europe en 1894. Le magnifique feuillage de cette espèce est très découpé et, contrairement à ce qui est le cas pour toutes les autres astilbes, il n'est pas composé. Avec ses panicules de fleurs blanches lâches et retombantes, cette astilbe n'atteint pas plus de 30 cm de hauteur. Plusieurs croisements entre *A. simplicifolia*, *A. glaberrima* et divers hybrides du groupe des *A.* x *arendsii* ont mené à la création d'une foule de cultivars. Ce n'est pourtant qu'au début des années 1990 que les hybrides d'*A. simplicifolia* ont été popularisés en Amérique du Nord, avec la nomination, par la Perennial Plant Association, du cultivar 'Sprite' comme vivace de l'année aux États-Unis. Les hybrides d'*A. simplicifolia* prennent plus de temps que les hybrides du groupe des *A.* x *arendsii* à s'établir dans un jardin. Ils requièrent au moins trois ans pour atteindre leur maturité et même plus, si les conditions de culture sont plus difficiles.

▲ *L'astilbe 'Sprite'* (Astilbe *'Sprite'* [simplicifolia *hybride]) a été introduite par Bloom's Nurseries, de Grande-Bretagne. Au printemps, peu après leur bourgeonnement, les feuilles prennent une coloration bronze qui s'estompe ensuite graduellement pour passer au vert. Les inflorescences lâches et disposées de façon très informelle sont de couleur rose pâle. Les panicules, qui atteignent près de 40 cm de hauteur, donnent beaucoup de légèreté et de dynamisme aux plantations.*

L'astilbe 'Professor van der Wielen' ▶ (Astilbe *'Professor van der Wielen'* [thunbergii *hybride]) a été sélectionnée en 1917 par Ruys, en Hollande. Ce cultivar est très près de l'espèce tant par sa hauteur respectable de 1,20 m que par ses magnifiques inflorescences blanches retombantes, qui s'épanouissent vers la fin de juillet.*

En haut à droite: L'astilbe 'Straussenfeder' (Astilbe *'Straussenfeder', syn. 'Ostrich Plume'* [thunbergii *hybride]) est assurément l'une des plus belles. Vers la mi-juillet, elle forme de superbes panicules roses retombantes. En fleurs, elle atteint environ 75 cm de hauteur.*

***Astilbe thunbergii* et ses hybrides**

A. thunbergii, originaire du Japon et de Chine, a été introduite en Europe en 1876. C'est une grande espèce atteignant environ 1,20 m de hauteur, aux panicules blanches très retombantes, presque pleureuses. Les hybrides issus de cette espèce figurent parmi les plus gracieux.

Rodgersie à feuilles de marronnier (Rodgersia aesculifolia) *en fruits*

EXOTIQUES RODGERSIES

Nom latin : *Rodgersia*

Nom commun : rodgersie

Type : plante herbacée vivace

Famille : saxifragacées

Période de floraison : fin du printemps et début de l'été

Couleurs : blanc, rose et pourpre

Exposition : mi-ombre, ombre légère et ombre moyenne

Sol : riche, toujours humide, avec un pH modérément acide situé entre 5,5 et 7

Rusticité : à partir de la zone 3

Les rodgersies sont des vivaces aux dimensions impressionnantes qui peuvent servir de plantes structurantes dans un jardin. Bien mises en valeur, ces plantes aux caractéristiques très frappantes apportent beaucoup d'exotisme et un dynamisme particulier à un aménagement paysager. Elles sont surtout utilisées pour leur superbe feuillage composé de folioles très texturées. Elles produisent aussi de jolies fleurs, habituellement blanches, qui sont réunies en grandes panicules rappelant parfois les inflorescences des astilbes (*Astilbe* spp.).

Tout comme les astilbes, les rodgersies appartiennent à la famille des saxifragacées. Elles sont originaires de Chine, de Corée et du Japon. Dans la nature, elles poussent généralement dans des endroits mi-ombragés et ombragés où le sol reste constamment humide, par exemple dans certaines forêts de pins ou de feuillus. Elles apprécient aussi les sols longeant les cours d'eau. Au jardin, il est donc essentiel de leur fournir un sol léger ayant une très grande capacité de rétention d'eau et d'éléments nutritifs. Les rodgersies doivent donc être plantées dans un terreau composé d'un tiers de terre à jardin brune et de deux tiers de compost. Comme ce sont des plantes très voraces, vous devez ensuite épandre du compost à leur pied tous les ans : 5 kg par m^2 (2,5 cm d'épaisseur). Il est essentiel que les rodgersies ne souffrent jamais de sécheresse ; elles se plaisent donc parfaitement aux abords d'un cours d'eau ou dans les sols constamment humides. Fournissez-leur un minimum de 4 cm d'eau par semaine et placez un paillis à leur pied pour maintenir une bonne humidité dans le sol.

Les rodgersies sont habituellement rustiques en zone 4, parfois en zone 3 dans le cas de certaines espèces, à condition qu'un bon couvert de neige les protège durant l'hiver.

Rodgersie à feuilles de marronnier (*Rodgersia aesculifolia*), zone 4

Comme son nom l'indique, cette rodgersie possède de grandes feuilles composées de folioles découpées et gaufrées qui ressemblent beaucoup à celles des marronniers (*Aesculus* spp.). Elle produit également de jolies fleurs blanches regroupées en une étroite panicule. En fleurs, elle peut atteindre parfois près de 1,80 m de hauteur. C'est probablement la rodgersie qui tolère le plus facilement le plein soleil.

Rodgersie à feuilles pennées (*Rodgersia pinnata*), zone 4
Originaire de Chine, la rodgersie à feuilles pennées, plante impressionnante, peut atteindre 1,20 m de hauteur sur environ 90 cm de largeur. Ses grandes feuilles de couleur vert foncé, nuancé de bronze, qui atteignent parfois 1 m de longueur, sont composées et très texturées. Vers la fin de juin et au début de juillet, ses belles fleurs blanches réunies en grosses panicules, semblables à celles des astilbes, s'épanouissent. On trouve également sur le marché le cultivar 'Superba' aux fleurs roses ainsi que le cultivar 'Rubra' qui produit d'étranges inflorescences de couleur pourpre.

Rodgersie aux feuilles en forme de pied (*Rodgersia podophylla*), zone 4
La rodgersie aux feuilles en forme de pied est une plante des plus originales. Ses immenses feuilles sont composées de cinq folioles très découpées, de forme triangulaire plutôt qu'ovale comme celles des autres rodgersies. Son magnifique feuillage, vert moyen

◄ *Le feuillage vert foncé teinté de pourpre de la rodgersie à feuilles pennées (*Rodgersia pinnata*) s'associe magnifiquement avec le feuillage vert plus tendre de certaines fougères, comme celui de la matteuccie fougère-à-l'autruche (*Matteuccia struthiopteris*).*

▲ *Rodgersie aux feuilles en forme de pied* (Rodgersia podophylla)

en été, prend une superbe teinte rouge foncé à l'automne. Cette rodgersie produit également de magnifiques fleurs blanches réunies en de gracieuses panicules d'aspect vaporeux. Elle peut atteindre jusqu'à 1 m de hauteur sur un peu moins de largeur.

Astilboides (*Astilboides tabularis*, syn. *Rodgersia tabularis*), zone 3
L'astilboides, originaire de Chine et de Corée du Nord, apporte beaucoup d'exotisme aux jardins d'ombre. Ses feuilles peuvent devenir gigantesques et atteindre 60 cm de diamètre. Le pétiole, qui mesure parfois près de 1,50 m de hauteur, est attaché au centre de la feuille, lui donnant l'aspect d'un parapluie. Comme les pétioles sont fragiles, assurez-vous de ne pas planter cette vivace dans un endroit où il y a beaucoup de circulation. L'astilboides produit des fleurs blanches regroupées en panicules retombantes, dont la période de floraison, qui se situe vers la fin du mois de juin et au début de juillet, est très courte. Une fois fanées et sèches, elles restent tout de même très décoratives.

Astilboides (Astilboides tabularis, *syn.* Rodgersia tabularis) ▶

VIORNES VIGOUREUSES

Plantes fantastiques, les viornes n'ont pratiquement que des qualités. En plus d'avoir un feuillage très attrayant, elles affichent une magnifique floraison printanière et produisent des fruits fort décoratifs dont certains sont appréciés des oiseaux.

Les viornes, qui sont pour la plupart de gros arbustes ou de petits arbres, appartiennent à la famille des caprifoliacées, tout comme les chèvrefeuilles (*Lonicera* spp.), les sureaux (*Sambucus* spp.) et les weigélas (*Weigela* spp.). Bien que la majorité des espèces proviennent d'Asie, plusieurs viornes sont originaires d'Europe ou d'Amérique du Nord. Au Québec, on trouve sept espèces indigènes dont la fameuse viorne trilobée (*Viburnum trilobum*), la viorne à feuilles d'aulne (*Viburnum alnifolium*) et l'alisier (*Viburnum lentago*).

Les viornes peuvent pousser sous différentes conditions d'ensoleillement. La majorité des espèces et des cultivars préfèrent le plein soleil à condition que le sol soit toujours frais. Elles apprécient également la mi-ombre ou une ombre légère. Certaines d'entre elles, comme la viorne à feuilles d'aulne, tolèrent même l'ombre moyenne. Les viornes préfèrent généralement les sols riches, frais et bien drainés mais elles s'adaptent presque toutes aux sols plus pauvres ou argileux. Cependant, afin de leur donner les meilleures conditions de culture possible, assurez-vous de leur apporter, durant les premières années suivant la plantation, une dose annuelle de compost d'environ 1 kg par m^2, soit 0,5 cm d'épaisseur en sol riche et jusqu'à 3 kg par m^2, soit 1,5 cm d'épaisseur en sol pauvre ou lorsque les viornes sont soumises à une compétition racinaire très intense.

◄ *Les fruits de la viorne commune (*Viburnum lantana*) passent du rouge au noir lors de leur maturation.*

Nom latin : *Viburnum*
Nom commun : viorne
Type : plante ligneuse arbustive
Famille : caprifoliacées
Période de floraison : printemps
Couleurs : blanc, rose
Exposition : soleil, mi-ombre et ombre légère (quelques cultivars tolèrent l'ombre moyenne)
Sol : s'adapte à plusieurs types de sols frais et bien drainés dont le pH se situe près de la neutralité
Rusticité : à partir de la zone 2

Sacrés pucerons !

Comme il existe plus de 1350 espèces de pucerons en Amérique du Nord, nous ne sommes malheureusement pas au bout de nos peines. Si ces insectes en forme de poire, qui mesurent à peine quelques millimètres, n'étaient pas aussi indésirables, ils nous paraîtraient probablement très décoratifs avec leurs couleurs variées qui vont du vert au gris en passant par le rose. Malheureusement, les pucerons s'attaquent à certaines viornes; ils sucent une quantité phénoménale de sève, ce qui provoque généralement le recroquevillement des feuilles.

Vous avez sûrement remarqué qu'on voit toujours des fourmis près des plantes infestées de pucerons. C'est qu'elles en font l'élevage. Elles ont tout intérêt à ce qu'ils soient en santé puisqu'ils excrètent une substance sucrée appelée miellat, qu'elles récoltent pour nourrir leurs larves.

Vous pouvez prévenir les invasions de pucerons en maintenant les plantes en santé et surtout en évitant de les surfertiliser en azote. Favorisez également la présence des coccinelles, ce sont de véritables tueuses en série ! Une seule coccinelle adulte peut bouffer près de 400 pucerons en un seul mois. Invitez-les donc à venir s'établir chez vous en cultivant leurs végétaux favoris : l'angélique (*Angelica archangelica*), l'aneth (*Anethum graveolens*), le fenouil (*Foeniculum vulgare*), l'achillée millefeuille (*Achillea millefolium*), la tanaisie (*Tanacetum vulgare*) et le cosmos (*Cosmos bipinnatus*).

Lorsqu'il y a infestation de pucerons, essayez tout d'abord d'en éliminer le plus possible manuellement ; ensuite, arrosez les plantes à quelques reprises avec un jet d'eau puissant pour déloger les plus récalcitrants. Chez les viornes, le problème persiste souvent parce que les pucerons sont cachés sous les feuilles retournées. Utilisez alors un savon insecticide tous les deux ou trois jours pendant deux semaines. Les produits à base de pyréthrine ou de roténone, d'origine naturelle, sont très efficaces.

Viorne commune (*Viburnum lantana*), zone 2b

La viorne commune est un gros arbuste qui atteint environ 4 m de hauteur. Cette viorne forme vers la fin de mai de petites fleurs blanches. Elle produit ensuite des fruits rouges qui virent au noir en maturant vers la fin du mois d'août. Son feuillage, vert grisâtre en été, prend une teinte rouge pourpré à l'automne.

▲ *Alisier* (Viburnum lentago)

Les fleurs de l'alisier possèdent des étamines jaunes, ce qui leur confère une couleur blanc crème. ▶

◀ *Durant l'hiver, la viorne commune* (Viburnum lantana) *reste attrayante avec ses bourgeons caractéristiques et ses rameaux tomenteux.*

Alisier (*Viburnum lentago*), zone 2

La viorne lentago, appelée communément alisier, est un très gros arbuste qu'on trouve également sous la forme d'un petit arbre qui atteint environ 5 m de hauteur. Cette viorne, indigène dans l'est de l'Amérique du Nord, forme en juin de petites fleurs blanc crème. Elle donne ensuite des fruits noirs très appréciés des oiseaux. Ses feuilles ovales et finement dentelées prennent une teinte rouge pourpré à l'automne. Finalement, durant l'hiver, elle arbore des bourgeons de forme très caractéristique, gonflés à une extrémité et très pointus à l'autre. L'alisier tolère plus facilement les sols secs que la plupart des autres viornes.

Viorne obier naine (*Viburnum opulus* 'Nanum'), zone 3

Cette viorne n'atteint pas plus de 60 cm de hauteur sur 80 cm de largeur à maturité. Elle produit rarement des fleurs et des fruits mais son feuillage, très semblable à celui de la viorne trilobée, est très ornemental et prend une teinte pourpre une fois l'automne venu. Grâce à ses petites dimensions, la viorne obier naine s'utilise facilement dans les endroits restreints et pour la réalisation de haies basses. Elle remplace avantageusement le groseillier alpin (*Ribes alpinum*) qui est si souvent malade.

▲ *Viorne obier naine* (Viburnum opulus *'Nanum'*)

Les fruits de la viorne trilobée persistent durant tout l'automne ainsi qu'une grande partie de l'hiver. ▶

Page 97 : Les fleurs de la viorne trilobée (Viburnum trilobum) *sont très semblables à celles de sa cousine européenne la viorne obier* (Viburnum opulus)*.*

Viorne trilobée
(*Viburnum trilobum*), zone 2
La viorne trilobée, qu'on appelle communément pimbina, est un très gros arbuste indigène dans l'est de l'Amérique du Nord qui peut parfois atteindre un peu plus de 4 m de hauteur. Cette viorne peut également être cultivée en petit arbre, composé le plus souvent de plusieurs troncs. Elle possède toutes les qualités ornementales possibles. Au printemps, généralement vers la fin de mai et au début de juin, la viorne trilobée se couvre de jolies fleurs blanches. Ses inflorescences, composées de petites fleurs au centre et de fleurs plus grandes, mais stériles, en périphérie, durent pendant près d'un mois. Ensuite, de jolis fruits rouge vif apparaissent et persistent durant une très grande partie de l'hiver. De plus, cet arbuste possède de belles feuilles découpées en trois lobes qui ressemblent étrangement aux feuilles des érables. Le feuillage, vert foncé durant l'été, prend une belle teinte rouge pourpré à l'automne. Il est possible de trouver sur le marché horticole le cultivar 'Wentworth' qui est identique à l'espèce mais qui atteint 2,5 m de hauteur et le cultivar 'Compactum', qui atteint seulement 1,5 m de hauteur.

LE CALME AU MILIEU DE LA VILLE

Bien qu'il soit situé au cœur de l'île de Montréal près d'une artère commerciale, ce petit jardin est imprégné d'une grande tranquillité. Les arbres et les arbustes plantés dans cette cour ainsi que ceux des terrains adjacents forment un écran visuel et diminuent l'intensité des bruits venant de la rue. Le léger clapotis provenant d'un jet d'eau situé au centre d'un joli bassin permet également de faire oublier la rumeur de la ville. Tous ces éléments contribuent à donner une atmosphère d'intimité et de paix à ce jardin.

Marie-Andrée Fortier, qui a conçu et réalisé cet aménagement paysager, a misé sur l'imagination et l'originalité afin de créer un jardin fonctionnel et intime, mais aussi très esthétique. En 1997, elle a remporté le prix Milan-Havlin, la plus haute distinction décernée par l'Association des paysagistes professionnels du Québec, pour cet aménagement.

Dans ce jardin, quelques plantes vivaces offrent une floraison attrayante, mais l'accent a été mis principalement sur les feuillages. La prédominance du vert apporte beaucoup de calme et de paix à cet aménagement. Sur ce fond de verdure, les rares floraisons se détachent et deviennent particulièrement intenses. La présence de quelques formes érigées, dont celles des ifs du Japon (*Taxus cuspidata* 'Capitata'), permet de rythmer les plantations. Un saule arctique greffé sur tige (*Salix purpurea* 'Pendula') planté près du bassin donne du mouvement et apporte beaucoup de légèreté à ce coin du jardin.

La clôture et les autres structures de bois ont été construites avec beaucoup d'imagination. On y retrouve à l'occasion des tiges de métal rainurées leur donnant un aspect urbain et très moderne. Les couleurs des structures de bois rappellent celles des pavés et de la brique, ce qui donne beaucoup d'unité à l'ensemble. Ce lien visuel entre les matériaux qui composent le jardin et ceux de la maison permet de bien intégrer cette dernière à son environnement. ▶

*Les matériaux ont été particulièrement bien choisis pour cet aménagement. Les pavés d'argile, encore trop peu utilisés en Amérique du Nord, s'harmonisent avec les briques qui recouvrent la maison. À cause de leur teinte terreuse, les pavés se marient également très bien avec les végétaux. De la sabline dorée (*Arenaria verna *'Aurea'), qui ressemble un peu à de la mousse, et de la petite pervenche (*Vinca minor*) recouvrent le pavage, ce qui lui enlève de la rigidité et en diminue l'importance.*

Des pots de terre cuite contenant diverses plantes aromatiques ont été accrochés aux murs les plus exposés au soleil. Une façon originale de cultiver des fines herbes lorsque l'espace est restreint.

Une association végétale réussie dont il se dégage un brin d'exotisme. Les formes contrastantes et les différentes teintes des feuillages donnent à cette plantation tout son dynamisme et toute son originalité.

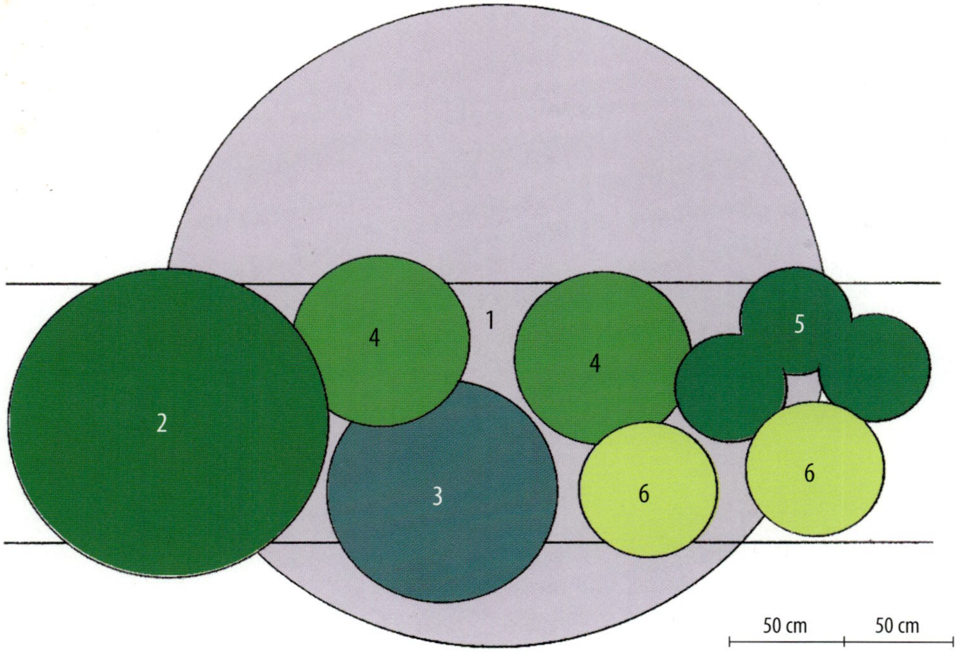

1. Lilas commun (*Syringa vulgaris*)
2. Symphorine blanche (*Symphoricarpos albus*)
3. Hosta de Siebold 'Frances Williams' (*Hosta sieboldiana* 'Frances Williams')
4. Matteuccie fougère-à-l'autruche (*Matteuccia struthiopteris*)
5. Sceau-de-Salomon (*Polygonatum odoratum*)
6. Alchémille (*Alchemilla mollis*)

Hosta de Siebold 'Frances Williams'

Lilas commun

Sceau-de-Salomon

Alchémille

Matteuccie fougère-à-l'autruche

UNE INSPIRATION ORIENTALE

Lorsque j'ai visité ce jardin, situé dans une toute petite cour du quartier Rosemont, à Montréal, mon étonnement a été complet. J'ai d'abord été surpris de m'y sentir aussi bien, aussi apaisé ; mais également très étonné de n'y voir pratiquement aucune fleur.

Depuis plusieurs années, Claude Gagné se passionne pour les arbres. Comme il ne dispose pas de beaucoup d'espace pour cultiver des spécimens matures, il s'intéresse aux bonsaïs. Cela l'amène ensuite à découvrir l'art des jardins orientaux. Au début des années 1980, il commence donc à bâtir son jardin en s'inspirant des principes d'aménagement asiatiques. Grâce à plusieurs voyages au Japon et à beaucoup de lectures et de recherches sur la façon dont les Japonais conçoivent l'aménagement des jardins, il développe une impressionnante connaissance du sujet. Les personnes responsables du jardin japonais du Jardin botanique de Montréal le consultent régulièrement et il participe activement aux nouveaux aménagements qui y sont réalisés tous les ans. Claude est d'ailleurs actuellement président de la Fondation du jardin et du pavillon japonais. Son implication dans tout le Québec et le Canada est si importante que l'empereur du Japon, Akihito, lui a décerné au printemps 1998 l'ordre du Trésor-Sacré afin de l'honorer pour son travail et sa contribution à faire connaître la culture et l'art des jardins japonais.

Le jardin de Claude, comme la plupart des jardins orientaux, est conçu comme une reproduction de la

Une jolie association de feuillages. Le feuillage vert panaché de jaune et de rouge de l'houttuynia 'Chameleon' (Houttuynia cordata *'Chameleon') est ici marié aux feuilles bleutées du hosta de Siebold 'Elegans'* (Hosta sieboldiana *'Elegans') ainsi qu'au feuillage finement découpé du thuya 'Jessica'* (Thuya occidentalis *'Jessica'). À l'arrière, on peut observer le feuillage du tussilage* (Tussilago farfara)*, une plante indigène en Amérique du Nord.* ▶

▲ *Bien qu'il n'y ait presque pas de fleurs dans ce jardin, il est loin d'être monotone et ennuyant. L'association des différentes formes, textures et couleurs des feuillages confère un certain dynamisme à l'aménagement. Ce mariage entre différents conifères en témoigne bien. Les feuillages contrastants du pin blanc 'Elf'* (Pinus strobus *'Elf'), de la pruche 'Minuta'* (Tsuga canadensis *'Minuta') et du faux cyprès d'Hinoki nain* (Chamaecyparis obtusa *'Nana Gracilis') sont reliés et mis en valeur par le bugle rampant à feuillage pourpre* (Ajuga reptans *'Rubra') qui recouvre le sol.*

nature. Plusieurs éléments doivent être rassemblés afin de réussir un tel jardin. D'abord, l'eau, qui symbolise le sang de la terre, est essentielle. S'il est impossible de l'intégrer à l'aménagement, elle peut être représentée par du gravier. La pierre est aussi un élément fort important.

*La mousse est un élément important de la plupart des jardins japonais. Elle unifie les différentes parties d'un même aménagement et diminue l'effet de contraste entre certains végétaux. Après de nombreux essais, Claude a dû se rendre à l'évidence. Pour conserver sa mousse, il lui faudrait la saupoudrer de poivre de cayenne presque tous les jours pour éviter que les écureuils ne l'arrachent. Il a donc remplacé cette mousse par des plantes vivaces rampantes. Le thym serpolet (*Thymus serpyllum*) est planté au soleil, tandis que dans les endroits ombragés, il privilégie le bugle rampant à feuillage pourpre (*Ajuga reptans *'Rubra'*), l'houttuynia 'Chameleon' (*Houttuynia cordata *'Chameleon') et la lysimaque rampante (*Lysimachia nummularia*), illustrée ici.*

Les roches, qui symbolisent les montagnes, forment en quelque sorte la charpente, la colonne vertébrale du jardin. À défaut de roches, les montagnes peuvent être illustrées par les végétaux. Évidemment, un jardin représentant la nature ne peut être complet sans la présence de plantes. Les arbres et les arbustes y occupent donc une place capitale. Comme les pierres, ils constituent la structure permanente du jardin ; ils servent d'appuis visuels au reste de l'aménagement.

C'est en grande partie grâce à la présence de quelques arbres matures que ce jardin profite d'une ambiance invitante et sécurisante. Dans un coin du jardin pousse un magnifique métaséquoia (*Metasequoia glyptostroboides*) à trois troncs qui donne l'aspect d'une petite forêt. C'est probablement un des plus gros métaséquoias au Québec. Ce conifère au feuillage léger et doux possède des aiguilles plates et souples qui prennent une teinte jaune cuivré à l'automne et qui, comme dans le cas des mélèzes (*Larix* spp.), tombent au sol. On retrouve également un ginkgo bilobé (*Ginkgo biloba*) — prononcer ginko — qui est un arbre tout à fait particulier. C'est un fossile vivant ; il est apparu à l'époque des dinosaures, il y a environ 150 à 200 millions d'années. Il possède des feuilles très originales, en forme d'éventail, qui prennent une belle teinte jaune d'or à l'automne. En Chine, on retrouve des ginkgos qui sont âgés de plus de 1000 ans.

*Ce magnifique pin gris (*Pinus banksiana*) au tronc tordu est âgé de près de 200 ans. Comme c'est l'arbre le plus âgé du jardin, il représente en quelque sorte le gardien des lieux. Le pin gris est un arbre indigène au Canada. Son port et sa forme caractéristiques lui confèrent un petit air asiatique. Cette espèce a d'ailleurs été largement utilisée dans le jardin japonais du Jardin botanique de Montréal.*

Les îles des bienheureux

Selon un très ancien mythe chinois, il existe cinq îles situées très loin à l'est des côtes de la Chine. Sur ces îles, les hommes et les femmes ont atteint l'immortalité et vivent en perpétuelle harmonie entre eux et avec la nature. Assis sur des grues, ils volent autour des sommets des montagnes qui dominent ces îles. Les cinq îles se trouvent sur la carapace d'une tortue de mer, qui en a perdu deux à la suite d'un combat avec un monstre aquatique.

Pendant près d'un millénaire, ce mythe a eu une puissante influence sur le peuple chinois. Les empereurs ont organisé plusieurs expéditions pour trouver ces îles et obtenir le secret de l'immortalité. Un siècle avant notre ère, voyant l'inefficacité des expéditions, l'empereur chinois Wu décida de créer un jardin qui représente les îles des bienheureux. Dans un immense lac artificiel, il aménagea des îles sur lesquelles furent construits des palais destinés à accueillir les immortels. Sur la rive, il fit ériger une tour à partir de laquelle il envisageait de communiquer avec eux.

C'est vers le VIIIe siècle, un peu avant l'introduction du bouddhisme, que le mythe des îles des bienheureux a dû atteindre le Japon, où il est devenu aussi très important. Les Japonais ont cependant transformé les îles des bienheureux en une seule île appelée île du mont Horai. Celle-ci est souvent accompagnée par l'île des grues et par l'île des tortues. Dans la culture japonaise, ces deux animaux symbolisent la longévité.

Ce mythe a également eu une grande influence sur l'architecture des jardins japonais. Dans ces jardins, les îles des bienheureux sont symbolisées par trois pierres. Une grande roche centrale, qui domine les autres, représente l'île du mont Horai. Celle-ci est généralement arrimée à deux autres pierres, plus petites, qui représentent l'île des grues et l'île des tortues. Les roches choisies sont habituellement de couleur foncée. Cet ensemble de pierres, nommé triade bouddhique, est entouré de gravier symbolisant la mer.

La mythologie a énormément influencé la création des jardins en Asie, souvent conçus pour accueillir les immortels. Les jardins orientaux devaient donc être extrêmement raffinés et presque parfaits, puisqu'ils représentaient la nature et le paradis. Aujourd'hui, la religion et les mythes n'influencent plus autant la conception des jardins. Cependant, les anciens principes d'aménagement demeurent encore très utilisés par les architectes du paysage et les horticulteurs, puisqu'ils conduisent à la création de jardins réussis.

Le jardin de Claude Gagné comprend plusieurs scènes où les végétaux et les pierres sont placés de manière à créer un tableau. Avec cette composition, Claude a réalisé un tableau qui, à sa façon, représente les îles des bienheureux.

Pin blanc

Cette association végétale est probablement l'une des plus imaginatives et des plus réussies de tout ce jardin. En la regardant pendant quelques instants, vous vous sentirez littéralement transporté dans un jardin du Japon.

Pin gris

1. Pin blanc taillé (*Pinus strobus*), peut être remplacé par le pin sylvestre 'Watereri' (*Pinus sylvestris* 'Watereri')
2. Faux cyprès d'Hinoki 'Gracilis' (*Chamaecyparis obtusa* 'Gracilis')
3. Pin gris taillé (*Pinus banksiana*), peut être remplacé par le pin gris 'Broom' (*Pinus banksiana* 'Broom')
4. Faux cyprès 'Andeleyensis Nana' (*Chamaecyparis thyoides* 'Andeleyensis Nana')
5. Houttuynia 'Chameleon' (*Houttuynia cordata* 'Chameleon')
6. Bugle rampant à feuillage pourpre (*Ajuga reptans* 'Rubra')

Bugle rampant à feuillage pourpre

Houttuynia 'Chameleon'

COMME À LA CAMPAGNE

Je me souviens d'une soirée exceptionnelle passée dans ce jardin. Michel Proulx et Brunelle Samson, les propriétaires des lieux, m'avaient demandé de me rendre chez eux pour vérifier l'état d'un arbre qui semblait être atteint d'une maladie. J'étais resté pour le souper et nous avions passé une grande partie de la soirée à discuter dans le magnifique pavillon situé près du bassin. Sous la couverture protectrice des arbres, le visage doucement caressé par le vent tiède imprégné du parfum sucré des fleurs avoisinantes, j'avais été envahi par un sentiment de grand confort et de bien-être. Quoique ce jardin soit localisé dans une importante banlieue, j'avais l'impression de me trouver dans un coin de campagne, isolé de tout.

En 1989, Michel et Brunelle font appel au paysagiste Robert Olis pour aménager la façade et un des côtés de la maison, et pour effectuer quelques plantations dans une partie très boisée à l'arrière du terrain. Il réalise également l'aménagement d'un petit bassin dans la cour. Mais ce bassin, trop petit, n'est pas proportionné au pavillon qui est construit l'année suivante. C'est pourquoi, en 1992, on aménage un immense bassin composé d'une longue cascade qui comprend 3 chutes et fait un peu plus de 15 m de longueur.

Les propriétaires s'entendent avec le paysagiste pour qu'il n'installe que les éléments structuraux de l'aménagement. Il place donc plusieurs pierres, réalise des murets et plante quelques arbres et arbustes. Michel et Brunelle réalisent ensuite presque la

Contrairement au cas de plusieurs étendues d'eau artificielles, qui sont bordées de gravier à l'aspect peu naturel, les rives de ce bassin sont constituées de quelques pierres et d'une grande quantité de végétaux. Les arbustes, les plantes aquatiques et les vivaces de sols humides qui y sont plantés diminuent l'importance de la masse des pierres et créent un lien entre le bassin et le reste de l'aménagement, donnant ainsi l'impression qu'il a été façonné par la nature. ▶

totalité des plantations de fleurs vivaces et de végétaux aquatiques. Brunelle, très perfectionniste, passe quatre étés complets à implanter de la mousse et de l'éléocharide aciculaire (*Eleocharis acicularis*), une petite plante aquatique ayant l'aspect d'un gazon très fin, sur les pourtours du bassin. La présence de ces plantes donne d'ailleurs un coup d'œil très naturel au bassin et contribue à bien l'intégrer au reste de l'aménagement.

Il y a quelques années, les propriétaires m'ont demandé de concevoir la dernière partie de leur jardin. J'ai donc fait le plan d'une longue plate-bande longeant un côté et l'arrière de la maison. Une partie de cet aménagement borde un patio adjacent à la maison. Cette plantation a été entièrement exécutée par Michel et Brunelle. Je dois dire que je suis très satisfait du résultat puisque cette nouvelle plate-bande s'harmonise bien aux éléments déjà en place et respecte le style et l'ambiance qui se dégagent des autres parties du jardin.

Les arbres et les arbustes occupent une place prépondérante dans ce jardin. Leur présence est essentielle puisqu'ils sont les constituants principaux de la charpente de l'aménagement paysager. Sans eux, le jardin serait monotone et l'atmosphère qui s'en dégage serait probablement moins agréable. En plus de cacher certaines vues indésirables, les arbres et les arbustes protègent les occupants du jardin. Ils délimitent également les différentes parties de l'aménagement tout en les liant les unes aux autres. Finalement, appuyées sur ces végétaux, les fleurs sont ainsi mises en valeur ; leurs formes sont plus visibles et leurs couleurs plus intenses.

*Une grande partie du terrain est située sous un boisé composé entre autres de quelques immenses caryers cordiformes (*Carya cordiformis*) et d'érables à sucre (*Acer saccharum*). Ils apportent le calme et beaucoup d'intimité, donnant ainsi un sentiment de sécurité. Un banc entouré de quelques hostas (*Hosta *spp.) permet de s'arrêter ici et de savourer toute la beauté qui émane de ce jardin.*

*Il n'y a pas que les plantes aquatiques et les plantes des lieux humides qui peuvent être implantées aux abords d'un bassin; certains arbustes et les plantes vivaces qui affectionnent les sols humides peuvent également être utilisés. Cette jolie association démontre bien la diversité de végétaux qu'il est possible de planter au bord d'une étendue d'eau. On retrouve ici le trèfle d'eau (*Menyanthes trifoliata*), une plante qui doit avoir le pied dans l'eau, et le bergénia (*Bergenia cordifolia*), une vivace dont les grandes feuilles cireuses contrastent magnifiquement avec le feuillage finement découpé du microbiota (*Microbiota decussata*), un conifère rampant.*

Pour accéder au pavillon, il faut emprunter quelques pierres plates qui émergent de l'eau. Cette structure est donc isolée du reste du terrain par le bassin. Il s'y dégage une atmosphère d'intimité et de tranquillité, car elle est située tout près de l'eau et encadrée par des arbres et des arbustes. Ses formes sobres et sa teinte neutre permettent de bien l'intégrer au reste du jardin.

Grande radiaire

Astilbe 'Straussenfeder'

Campanule à larges feuilles 'Macrantha'

*Cette plantation est située à côté du patio adjacent à la maison. Cette composition démontre bien qu'il est possible d'obtenir des plates-bandes fleuries et attrayantes toute la saison, même lorsque l'ensoleillement fait défaut. Les vivaces qui composent cette plate-bande poussent bien à la mi-ombre ou à l'ombre légère. La plupart de ces plantes acceptent aussi l'ombre moyenne; dans de telles conditions, il est cependant nécessaire de remplacer les géraniums utilisés ici par le géranium obscur (*Geranium phaeum*) ou le géranium à gros rhizome (*G. macrorrhizum*).*

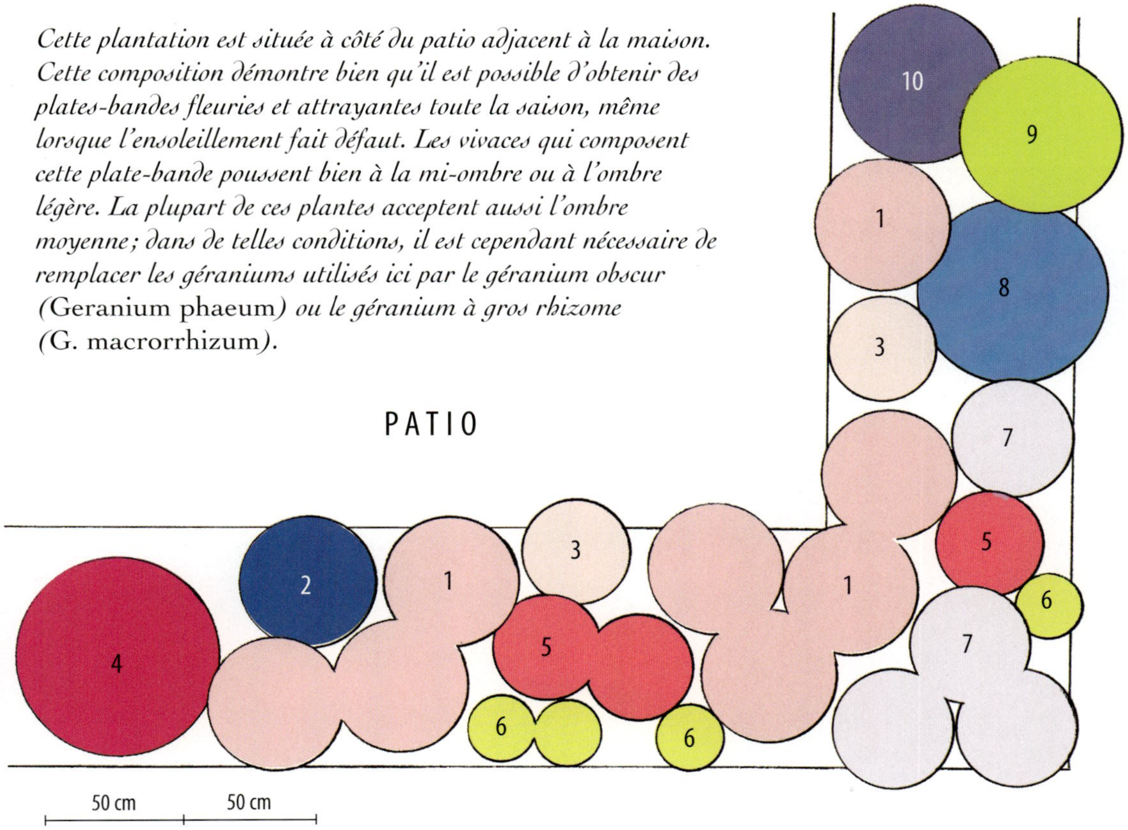

1. Astilbe 'Straussenfeder' (*Astilbe* 'Straussenfeder' [*thunbergii* hybride])
2. Campanule à larges feuilles 'Macrantha' (*Campanula latifolia* 'Macrantha')
3. Grande radiaire (*Astrantia major*)
4. Géranium 'Ann Folkard' (*Geranium* 'Ann Folkard')
5. Cœur-saignant du Pacifique 'Luxuriant' (*Dicentra formosa* 'Luxuriant')
6. Hosta 'Gold Drop' (*Hosta* 'Gold Drop')
7. Tiarelle (*Tiarella cordifolia*)
8. Hosta 'Halcyon' (*Hosta* 'Halcyon')
9. Alchémille (*Alchemilla mollis*)
10. Géranium 'Johnson's Blue' (*Geranium* 'Johnson's Blue')

Tiarelle

Géranium 'Ann Folkard'

Hosta 'Halcyon'

Cœur-saignant du Pacifique 'Luxuriant'

ART, JARDIN ET PEPSI-COLA

Je n'ai pu résister à la tentation de vous présenter un des plus beaux jardins des États-Unis : *The Donald M. Kendall Sculpture Gardens,* qui entoure le siège social de la compagnie Pepsi-Cola, situé dans une banlieue de New York.

C'est au milieu des années 1960 que Donald M. Kendall, alors à la tête de PepsiCo, conçoit cet impressionnant jardin qui couvre 168 acres. Il crée alors un aménagement qui reflète bien la vision de l'entreprise qu'il dirige. D'abord, la présence de grandes étendues d'eau et de massifs d'arbres apporte une grande stabilité à ce jardin. De plus, en y intégrant plusieurs sculptures, Kendall lui donne une atmosphère de créativité et d'expérimentation. La collection de sculptures, entreprise en 1965, compte aujourd'hui 45 œuvres d'artistes de réputation internationale. Les sculptures de grands maîtres tels que Alexander Calder, Alberto Giacometti, Henry Moore et Auguste Rodin, sont disposées en harmonie parfaite avec les végétaux et les structures qui composent le jardin.

En 1980, PepsiCo confie à l'architecte paysagiste Russell Page la tâche d'agrandir le jardin et de créer de nouveaux aménagements. Grâce à des plantations rigoureusement planifiées, il relie alors les sculptures à leur environnement immédiat. Par exemple, une grande sculpture de Calder, intitulée *Hats Off,* fabriquée en métal recouvert d'une peinture orange, est appuyée sur un massif d'épinettes bleues du Colorado (*Picea pungens* 'Glauca'). L'œuvre d'art contraste vivement avec ces conifères qui la mettent en valeur. Second excellent exemple d'intégration réussie : une autre sculpture, création d'Henry Moore appelée *Sheep Piece,* dont les formes massives et arrondies contrastent magnifiquement avec une plantation de graminées d'aspect très léger qui l'entoure. Chaque sculpture est donc mise en valeur par un massif végétal. Ce jardin peut constituer une grande source d'inspiration pour l'intégration de sculptures dans nos petits jardins résidentiels.

Un sentier instauré par Russell Page, *The Golden Path,* relie les différents aménagements qui composent ce jardin. Il mène à un jardin de sous-bois fantastique appelé *Stream Garden*. Le long d'un charmant

◄ *À partir de 1980, le célèbre architecte paysagiste Russell Page crée de nouveaux aménagements qui viennent compléter ceux déjà entrepris par Kendall. Dans une partie appelée Lily Pond sont disposés trois étangs de forme carrée bordés de plantations composées principalement d'hémérocalles (*Hemerocallis *spp.) aux fleurs jaunes et oranges. À l'une des extrémités des bassins se trouve un joli kiosque où les visiteurs peuvent s'arrêter pour apprécier durant quelques instants la beauté de ce jardin.*

petit ruisseau on admire des plantes vivaces bien adaptées aux sols humides ainsi qu'à l'absence de soleil. Pour réaliser cet aménagement, Page a choisi d'utiliser peu d'espèces végétales différentes, offrant à l'observateur une palette de couleurs simple et reposante.

The Donald M. Kendall Sculpture Gardens peuvent être visités tous les jours de 9 h jusqu'au coucher du soleil. Ce jardin est situé au 700, Anderson Hill Road, dans la municipalité de Purchase au nord de la ville de New York. Pour obtenir des informations, appelez au (914) 253-2000.

▲ *La sculpture occupe une place prépondérante dans ce jardin. Ici, une œuvre très originale de Judith Brown, représentant des caryatides modernes constituées de pièces d'automobiles.*

◄ *Dans une autre section du jardin, nommée Iris Garden, se trouve un immense massif d'iris du Japon* (Iris ensata)*. Au pied de vieux saules pleureurs* (Salix alba *'Tristis'*) *on a planté plusieurs cultivars différents, dont* I. ensata *'Kozasagawa' qu'on aperçoit ici.*

Un joli ruisseau bordé de fougères coule à travers ce jardin, lui conférant une atmosphère très proche de la nature. ►

*Ce jardin comprend une plantation d'hortensias très impressionnante. Les fleurs de cet hortensia à grandes feuilles 'Blue Wave' (*Hydrangea macrophylla *'Blue Wave') ont pris une teinte rosée à cause du sol alcalin, au pH de 7,5, dans lequel il est planté. En sol acide, à un pH d'environ 6,5, les fleurs affichent un superbe bleu tirant sur le lilas. Bien que cet hortensia soit peu rustique (zone 6), il est tout de même possible de le conserver dans plusieurs régions du Québec et de le faire fleurir. Il doit être planté dans un endroit bien protégé des vents et où la couverture de neige est abondante et constante. Dans les environs de Montréal cependant, comme le couvert de neige est mince et instable, on doit le protéger adéquatement afin de lui permettre de mieux résister aux rigueurs de l'hiver. D'abord, taillez ses tiges de façon à conserver cinq à six paires de bourgeons. La coupe doit être faite à quelques millimètres des deux derniers bourgeons conservés, en évitant toutefois de les endommager. Ensuite, déposez quelques centimètres de terre à la base du plant. Pour une protection accrue, recouvrez la terre et les tiges d'une épaisse couche de feuilles mortes sèches et déchiquetées maintenue en place à l'aide d'un cône de styromousse ou d'une toile géotextile retenue au sol par des piquets.*

Les jardins créés par Kendall et Page sont de bons exemples d'aménagements équilibrés et harmonieux. Bien qu'ils soient de grandes dimensions, ils comportent tout de même plusieurs éléments qui peuvent être adaptés à la réalité de nos petits jardins résidentiels, comme cette plate-bande à l'anglaise qui borde les étangs.

Page a utilisé peu d'espèces végétales et les a réunies en grands massifs donnant ainsi un caractère très naturel et beaucoup de sobriété à cet aménagement.

Hosta plantain

Salicaire

Un sous-bois magnifique où sont réunis sans délimitation précise de grands massifs d'astilbes et de hostas. Cette plantation, facile d'entretien, convient aux sols humides situés à la mi-ombre ou encore à l'ombre légère.

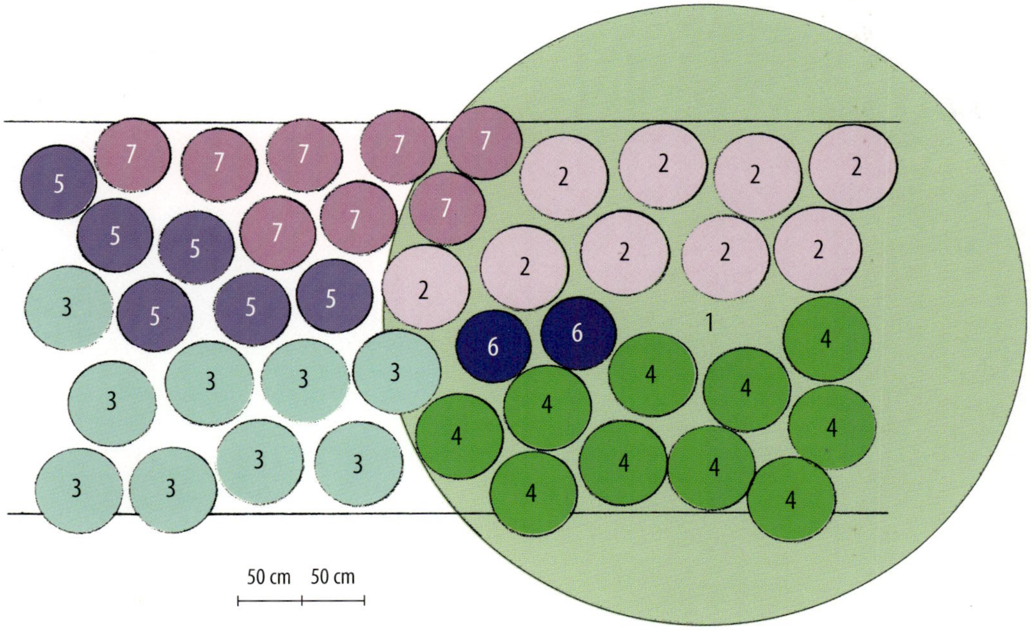

1. Cornouiller à feuilles alternes (*Cornus alternifolia*)
2. Astilbe de Chine 'Superba' (*Astilbe chinensis* var. *taquetii* 'Superba')
3. Hosta noir (*Hosta nigrescens*), qui peut être remplacé par le hosta 'Krossa Regal' (*Hosta* 'Krossa Regal')
4. Hosta plantain (*Hosta plantaginea*), qui peut être remplacé par le hosta 'Royal Standard' (*Hosta* 'Royal Standard')
5. Iris de Sibérie 'Swank' (*Iris sibirica* 'Swank')
6. Iris de Sibérie 'Caesar's Brother' (*Iris sibirica* 'Caesar's Brother')
7. Salicaire (*Lythrum salicaria*)

Iris de Sibérie 'Caesar's Brother'

Astilbe de Chine 'Superba'

Cornouiller à feuilles alternes

Page 124: Dahlia 'Desert Storm'
(Dahlia *'Desert Storm'*)

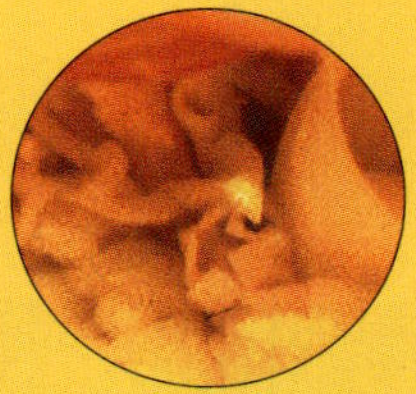

DEUXIÈME PARTIE

Jardins de lumière

LE POUVOIR DE LA COULEUR

La couleur est l'élément qui a le plus d'impact dans un aménagement paysager. Elle attire ou repousse, peut suggérer la fraîcheur ou la chaleur. Elle permet même de modifier notre perception de l'espace. Puisque la couleur agit sur nos émotions et nos sentiments, elle permet de donner à chaque jardin une atmosphère, une ambiance qui lui est propre.

Chaque couleur possède des caractéristiques particulières et a une influence précise sur l'observateur.

Le rouge, l'orange et le jaune, qui sont des couleurs chaudes, excitent et stimulent. Il est difficile de rester longtemps assis calmement dans un jardin composé uniquement de ces couleurs. Au contraire, le vert, le bleu et le violet, qui sont des couleurs froides, apaisent l'esprit et donnent une impression de fraîcheur.

Le mariage des couleurs est probablement le plus grand défi rencontré lors de la création d'un jardin. L'erreur la plus fréquente

Il est possible de réaliser de très belles plantations avec peu de couleurs. Pour cette plate-bande, une seule couleur de base a été choisie : le rose. Pour rendre cette plantation colorée, attrayante et originale, il a fallu utiliser des fleurs qui exploitent tous les niveaux de saturation du rose. On y retrouve le géranium sanguin (Geranium sanguineum)*, la véronique en épi 'Rosea'* (Veronica spicata *'Rosea'*) *et, au premier plan, l'épiaire* (Stachys byzantina). ▶

consiste à utiliser un trop grand nombre de couleurs. On crée ainsi tellement de points d'intérêt qu'il est impossible de voir la plate-bande comme un tout; elle perd son unité. Il est beaucoup plus simple d'associer deux ou trois couleurs seulement; il est même préférable de n'utiliser la troisième que pour mettre les deux autres en valeur. Vous pouvez créer des plantations très originales et harmonieuses en combinant des plantes et des fleurs de la même couleur mais dont le niveau de saturation est différent.

La saturation est un autre élément très important. Elle décrit l'intensité de la couleur. Lorsqu'une couleur est dans sa forme la plus pure, c'est-à-dire dans sa concentration maximale, elle est saturée. À l'inverse, les couleurs insaturées sont moins intenses: c'est comme si les teintes, qu'elles soient foncées ou pâles, étaient diluées avec du blanc. La saturation a également un impact sur notre perception. Un jardin constitué de blanc, de bleu et de rose pâles dégage une impression de légèreté et de romantisme, alors que des plantations constituées de roses et de bleus saturés donnent un effet beaucoup plus riche et sombre. De plus, les couleurs saturées semblent ressortir davantage du reste des plantations que les couleurs insaturées qui se confondent plus aisément avec le fond de scène.

Jaune

Le jaune est une couleur très lumineuse. Même par temps couvert, un massif de fleurs jaunes fait penser à un rayon de soleil perçant les nuages. Le jaune est une couleur si joyeuse qu'elle donne automatiquement un sentiment de bien-être à l'observateur.

Les changements de luminosité qui se produisent au cours d'une même journée modifient davantage le jaune que les autres couleurs. C'est à la mi-ombre, à l'ombre légère, ou encore sous un ciel voilé que le jaune produit son meilleur effet. En plein soleil, particulièrement durant l'après-midi, les fleurs jaunes contrastent trop violemment avec les ombrages. Dans de telles conditions, le jaune devient si brillant qu'il peut parfois fatiguer l'œil.

Pour éviter de déranger l'œil avec des jaunes agressifs et trop intenses, vous pouvez utiliser des plantes aux fleurs d'un jaune pâle peu saturé comme le coréopsis 'Moonbeam' (Coreopsis verticillata *'Moonbeam'*). ▸

Une autre façon d'apporter du jaune dans un jardin est d'utiliser des feuillages entièrement jaunes ou panachés de cette couleur. Le feuillage jaune de la lysimaque rampante 'Aurea' (Lysimachia nummularia *'Aurea') met en valeur le feuillage bleuté du hosta 'Dorset Blue'* (Hosta *'Dorset Blue')*.

Afin d'éviter que le jaune des fleurs ne soit trop agressif lorsqu'elles sont situées en plein soleil, vous pouvez les associer à des plantes aux fleurs blanches ou bleu pâle, ainsi qu'à quelques végétaux au feuillage gris. Le jaune forme une alliance naturelle avec le blanc. Plusieurs fleurs aux pétales blancs, telles que les marguerites (*Leucanthemum* spp.), possèdent un centre jaune. En plus d'accompagner naturellement les couleurs chaudes, le jaune s'associe également très bien au bleu et au violet avec lesquels il contraste magnifiquement.

Orange

L'orange est une des couleurs qui captent le plus l'attention. Particulièrement difficile à utiliser au jardin, il réagit très violemment avec les autres couleurs. Bien que certains le bannissent de leur jardin, il demeure qu'utilisé de façon judicieuse, l'orange permet de créer des effets puissants et très dynamiques. Cette couleur, même en petite quantité, est plus intense lorsqu'elle est placée devant du vert. Les fleurs orange produisent aussi un contraste très impressionnant avec des fleurs d'un bleu très saturé. Cette association de couleurs donne beaucoup d'exubérance aux plantations. Cependant, afin de modérer l'intensité de ce contraste, vous pouvez marier les fleurs orange à des plantes dont les feuilles sont légèrement teintées de bleu comme certaines achillées (*Achillea* spp.), certains hostas (*Hosta* spp.) et certains iris (*Iris* spp.). Une autre méthode permettant de diminuer l'impact de l'orange est d'utiliser ses formes insaturées de cuivré, d'abricot et d'ivoire.

▲ *L'orange des fleurs de l'asclépiade tubéreuse* (Asclepias tuberosa) *s'associe harmonieusement aux fleurs jaune pâle de la camomille des teinturiers 'E. C. Buxton'* (Anthemis tinctoria *'E. C. Buxton') et à la floraison jaune très foncé et saturé du rudbeckia 'Goldsturm'* (Rudbeckia fulgida *var.* sullivantii *'Goldsturm'*).

Rouge

Le rouge symbolise le danger. Les feux de circulation et les panneaux de signalisation rouges nous arrêtent sur notre chemin. Le rouge est également la couleur de la passion. Cette symbolique nous revient inconsciemment à l'esprit lorsque nous voyons du rouge dans un jardin. Cette couleur est probablement celle qui influence le plus les émotions.

Même en petit nombre, des plantes aux fleurs rouges peuvent dominer toute une plantation. Parfois, elles peuvent également rehausser et mettre en valeur la couleur des plantes qu'elles accompagnent. Cet effet ne peut cependant être obtenu qu'avec des plantes aux fleurs rouges de petites dimensions.

Il y a principalement deux types de rouges : le vermillon et l'écarlate tirent plutôt vers le jaune tandis que le cramoisi est plus foncé et légèrement teinté de violet. Le rouge produit un contraste saisissant lorsqu'il est placé devant le vert. Il crée également un effet incroyablement puissant et très dense lorsqu'il est agencé au bleu, au violet ou au pourpre. Mais des associations aussi intenses ne conviennent pas à toutes les personnes et à tous les types de jardins. Vous pouvez alléger l'effet du rouge et créer

Marié au chardon bleu (Echinops ritro), *le lis d'Henry* (Lilium henryi) *forme un contraste léger et agréable, car ses fleurs sont d'un orange très pâle et peu saturé.* ▶

des compositions plus harmonieuses et plus agréables en l'associant à du jaune et à du crème.

Le pourpre est un rouge auquel on a ajouté du violet. Il donne un dynamisme très particulier à une platebande et produit un effet dramatique. Associé au rouge, le pourpre devient parfois très dense et semble réduire l'espace. S'il est utilisé en trop grande quantité, il peut même devenir un peu déprimant. Il est donc important d'utiliser le pourpre de façon judicieuse. Les fleurs et les feuillages de cette couleur sont allégés et mis en valeur lorsqu'on les associe à des fleurs de couleur jaune, crème ou rose.

▲ *Les fleurs du montbrétia 'Lucifer'* (Crocosmia *'Lucifer'*) *et de l'hémérocalle 'Bold Eagle'* (Hemerocallis *'Bold Eagle'*) *ressortent énormément sur le fond vert et produisent un effet plus intense que si elles étaient placées devant un feuillage d'une autre couleur.*

◄ *Le feuillage vert tendre et les fleurs jaune pâle de l'alchémille* (Alchemilla mollis) *contrastent de façon surprenante avec le feuillage pourpre du berbéris 'Rose Glow'* (Berberis thunbergii *'Rose Glow'*).

Page 132-133: Pivoine 'Dragon's Nest' (Paeonia *'Dragon's Nest'*)

Le cercle chromatique

Un des plus beaux spectacles que nous offre la nature est sans doute l'arc-en-ciel, qui représente le spectre des couleurs. Le cercle chromatique, une autre façon d'illustrer ce spectre, s'avère un instrument fantastique pour associer les couleurs et établir des relations entre elles.

On retrouve dans cette roue les couleurs primaires, le jaune, le rouge et le bleu, ainsi que les couleurs secondaires : l'orange, le violet et le vert. Les couleurs secondaires sont placées entre le jaune, le rouge et le bleu, puisqu'elles sont obtenues en mélangeant deux couleurs primaires à parts égales. Le blanc, le gris et le noir ne sont pas présents sur le cercle parce que ce sont des couleurs inertes qui n'interagissent pas avec les autres couleurs du spectre. Il existe également une série d'autres couleurs issues d'un mélange complexe comme le rose, le brun et le pourpre, qui n'y figurent pas non plus. Le rose peut être considéré comme un rouge très pâle alors que le pourpre est un mélange de rouge et de violet.

Il existe principalement deux approches pour associer les couleurs : la première utilise les couleurs harmonieuses, l'autre, les couleurs contrastantes. Les couleurs harmonieuses sont celles qui sont voisines sur le cercle chromatique comme le rouge, l'orange et le jaune. Les couleurs qui sont situées à l'opposé forment des associations contrastantes. Par exemple, le rouge et le vert ou l'orange et le bleu sont des couleurs complémentaires qui donnent un effet contrastant très puissant.

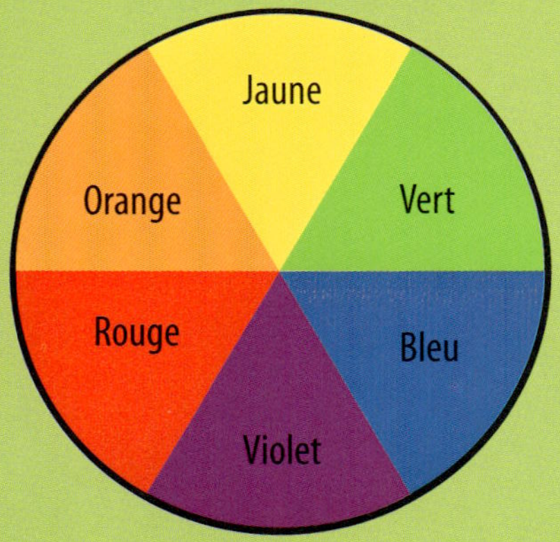

Rose

Le rose est la couleur du romantisme. Il évoque la douceur et la légèreté. Le rose n'apparaît pas sur la roue des couleurs, car il provient d'un mélange plus complexe que celui des couleurs primaires et secondaires. Les roses sont issus du rouge auquel a été ajouté un peu de jaune ou de bleu ainsi que des proportions variables de blanc. Les roses dérivés du vermillon sont chauds et tirent sur le pêche, tandis que les roses dérivés du cramoisi sont bleutés et plus froids. Vous devez utiliser ces deux types de roses séparément afin d'éviter les associations disparates. Les roses froids se marient merveilleusement aux bleus et aux blancs. Les plantations composées de ces couleurs possèdent beaucoup de charme et donnent toujours un sentiment de bien-être. Les roses foncés teintés de bleus forment aussi des associations particulièrement étonnantes avec les violets et les pourpres. Cependant, le rose n'accompagne pas bien les couleurs chaudes, surtout le rouge et l'orange. Bien qu'elle puisse être excitante et originale pour certaines personnes, l'association des roses et des couleurs chaudes produit un contraste généralement décevant.

Violet

Le violet symbolise la richesse et l'opulence. Cette couleur apaise et apporte toujours le calme dans un jardin. S'il domine les plantations, le violet donne même parfois un léger sentiment de tristesse. Les fleurs violettes sont particulièrement jolies lorsqu'elles sont mariées à des fleurs aux couleurs plus exubérantes comme le jaune et le rouge. Malheureusement, il disparaît presque lorsqu'il est associé à des couleurs très vives. Pour éviter ce problème, assurez-vous d'utiliser le violet en plus grande quantité et en avant-plan afin qu'il prenne la même valeur que les couleurs chaudes. La meilleure façon de bien mettre en valeur des fleurs violettes est de les placer devant une plante au feuillage jaune. Le violet s'harmonise également très bien au rose et au blanc.

◄ *Les associations de fleurs blanches, bleues et roses aux teintes pastel donnent un sentiment de légèreté. Les jardins composés uniquement de ces couleurs créent généralement une ambiance poétique et très romantique. Dans cette plantation, on retrouve le pyrèthre 'Eileen May Robinson'* (Tanacetum coccineum *'Eileen May Robinson'), la grande radiaire* (Astrantia major)*, le géranium des prés 'Silver Blue'* (Geranium pratense *'Silver Blue') et, à l'arrière, la barbe-de-bouc* (Aruncus dioicus)*.*

Les roses foncés et saturés, comme celui des fleurs du rhododendron 'P. J. M.' (Rhododendron *'P. J. Mezitt'), apportent un dynamisme différent des roses plus pâles. Ils donnent plus d'intensité et un aspect plus dramatique aux plantations.* ►

▲ *Le jaune du canna* (Canna indica) *contraste de façon très puissante avec le violet de la verveine brésilienne* (Verbena bonariensis). *Il se dégage de cette association de couleurs complémentaires beaucoup d'opulence et de richesse.*

Bleu

Le bleu est une des couleurs les plus calmantes et les plus agréables au jardin. Contrairement aux couleurs chaudes, qui rapprochent et rapetissent l'espace, le bleu suggère la profondeur. Vous pouvez donner l'impression d'agrandir les dimensions d'un terrain en plaçant des fleurs aux couleurs chaudes à l'avant d'une plantation et des végétaux aux couleurs froides, comme le bleu, au dernier plan. Cependant, mal accompagné ou utilisé en trop petite quantité, le bleu peut être décevant. Il doit donc idéalement être placé à l'avant des plates-bandes et en plus grande

▲ *Il n'y a pas que des fleurs qui soient bleues; certaines vivaces et certains conifères possèdent un feuillage bleuté. Beaucoup de genévriers (*Juniperus *spp.) sont bleus ainsi que plusieurs hostas, notamment le hosta 'Ryan's Big One' (*Hosta *'Ryan's Big One')*

Vert

Parce qu'il évoque le calme et le repos, le vert a un effet méditatif au jardin. Il donne aussi un sentiment de sécurité. Le vert est la couleur dominante de toutes les plantations. Avec le feuillage des arbres et des arbustes, le vert structure le jardin, lui donne du relief. Le vert met bien en valeur la plupart des couleurs chaudes. En revanche, les feuillages verts écrasent carrément les fleurs bleues et violettes. Afin de bien faire ressortir le bleu et le violet, associez-les plutôt à des feuillages verts teintés de jaune. Le vert est particulièrement efficace pour créer des transitions entre certaines couleurs trop contrastantes.

*Les fleurs bleues, comme celles de la népète (*Nepeta mussinii*), sont parfois difficiles à percevoir; elles sont mises en valeur et ressortent davantage lorsqu'elles sont associées à un peu de jaune, comme ici avec l'alchémille (*Alchemilla mollis*).* ▼

quantité que les couleurs chaudes, de façon qu'il soit mieux perçu.

Lorsqu'il est associé à du jaune et à de l'orange, le bleu révèle toute sa splendeur. Van Gogh disait : « Il n'existe pas de bleu sans jaune et sans orange. » Les associations de fleurs bleues et oranges produisent un effet très vibrant qui peut parfois être trop intense. Afin de diminuer l'intensité de telles associations, placez peu d'orange pour animer une masse de bleu ou encore remplacez l'orange par du jaune. Au contraire, le bleu prend une expression très poétique et romantique lorsqu'il est marié au rose, au blanc crème ou au gris.

▲ *La texture et la forme des divers feuillages ajoutent une autre dimension au vert. Cette association démontre bien la grande diversité des feuillages. On trouve dans cette composition la matteuccie fougère-à-l'autruche (*Matteuccia struthiopteris*), la rhubarbe japonaise (*Rheum palmatum*), l'acore (*Acorus calamus*), dont le feuillage est très effilé, et la ligulaire dentée (*Ligularia dentata*).*

*Les feuillages gris et argentés intensifient et mettent en valeur certaines couleurs froides telles que les bleus et les roses. Dans cette association étonnante, l'immortelle à feuillage argenté (*Helichrysum petiolare*) donne plus d'intensité à la couleur des fleurs du Surfinia®.* ►

Gris

Parfois argent à cause de sa brillance et de son éclat, le gris est une couleur neutre au jardin. Il sert principalement à faire ressortir les autres couleurs. Comme le blanc, le gris peut servir de lien entre certaines couleurs qui s'associent difficilement, le rose et le jaune par exemple. Vous pouvez donc utiliser les plantes au feuillage gris pour séparer certaines couleurs en les harmonisant. Le gris donne également plus d'intensité aux teintes pastel. C'est pourquoi il est particulièrement joli lorsqu'il accompagne des plantes aux fleurs blanches, bleues et roses. Le gris est à son meilleur lorsqu'il est marié à du rose foncé très saturé. Enfin, les feuillages gris créent d'étonnants contrastes avec les feuillages pourpres.

Blanc

Le blanc est le symbole de la pureté. Il est rarement contrariant et se marie facilement à plusieurs couleurs. Il éclaire les coins sombres et compense presque le manque de lumière. Par ailleurs, au soleil, les fleurs blanches semblent s'effacer et laissent leur place aux autres. Certaines couleurs peuvent être éteintes par l'utilisation du blanc. Associées à du crème, les couleurs très vives comme certains rouges perdent de leur intensité et deviennent plus agréables. Au contraire, certaines fleurs aux couleurs foncées comme le violet et le pourpre sont intensifiées et mises en valeur par l'utilisation de plantes à floraison blanche.

Le blanc est cependant à son meilleur lorsqu'il est utilisé avec des couleurs claires et douces comme les roses et les bleus.

Les jardins composés uniquement de fleurs blanches ont été très populaires en Europe à une certaine époque. Depuis quelques années, ils connaissent un regain de popularité au Canada et aux États-Unis. Voici une superbe scène du jardin blanc du Jardin des quatre vents, situé à La Malbaie, dans la région de Charlevoix, au Québec.

Les associations de bleu et de blanc donnent toujours beaucoup de légèreté et de douceur aux plantations. La forme des gracieuses fleurs bleues de la pérovskie à feuilles d'arroche (Perovskia atriplicifolia) *complète bien les fleurs blanches de la carotte sauvage* (Daucus carota) *qui sont disposées en larges ombelles.*

TABLEAU 10

Les couleurs

(Voici une brève définition de la plupart des couleurs utilisées pour décrire les plantes ornementales.)

Jaune
Citron : jaune clair
Doré : couleur de l'or, jaune cuivré
Ocre : jaune-brun
Soufre : jaune clair très saturé

Orange
Abricot : orange teinté de jaune
Bronzé : couleur du bronze, orange-brun foncé
Cuivré : couleur du cuivre, orange légèrement rougeâtre lumineux
Rouille : orange teinté de rouge et de brun

Rouge
Carmin : rouge légèrement violacé
Cramoisi : rouge tirant sur le violet
Bourgogne : rouge vin
Brun : mélange de rouge et de vert plus ou moins saturé
Écarlate : rouge éclatant tirant très légèrement sur l'orange
Brique : rouge tirant sur le brun
Pourpre : rouge très foncé teinté de violet
Vermillon : rouge vif teinté de jaune

Rose
Magenta : rose très saturé tirant sur le rouge violacé
Pêche : rose tirant sur le jaune
Saumon : rose tirant sur l'orange

Violet
Améthyste : violet lumineux
Lilas : violet pâle teinté de rose
Mauve : violet pâle insaturé

Bleu
Ciel : bleu pâle et clair
Indigo : bleu très saturé légèrement teinté de violet
Lavande : bleu pâle tirant sur le mauve

Vert
Émeraude : vert clair lumineux
Olive : vert teinté de brun
Glauque : vert qui rappelle l'eau de la mer, vert grisâtre
Vert-jaune : vert teinté de jaune

Gris
Cendré : couleur de la cendre, gris avec des traces de noir
Argent : couleur de l'argent, gris brillant

Blanc
Crème : blanc légèrement teinté de jaune
Ivoire : blanc légèrement teinté d'orange

◄ *Le blanc est une des couleurs les plus claires alors que le violet et une des couleurs les plus sombres et denses. Dans cette plantation, les fleurs blanches de l'iris du Japon 'Celestial Pink'* (Iris ensata *'Celestial Pink') donnent l'impression que les fleurs violettes de l'iris du Japon 'Oriental Royalty'* (Iris ensata *'Oriental Royalty') sont plus foncées qu'elles ne le sont en réalité. Toutefois, le blanc permet de mieux voir le violet et le fait ressortir, lui évitant ainsi de se confondre avec les feuillages avoisinants.*

*L'utilisation de deux couleurs contrastantes est simple et donne toujours beaucoup de rythme et d'énergie à un aménagement. Ici, les fleurs violettes de la verveine brésilienne (*Verbena bonariensis*) s'associent magnifiquement aux fleurs jaunes du rudbeckia 'Irish Eye' (*Rudbeckia hirta *'Irish Eye').*

QUATRE SAISONS

L'assemblage des plantes est à la base de la réussite d'un jardin. Associer adéquatement des végétaux en fonction de leurs formes, de leurs couleurs, de leur sociabilité et de leurs exigences représente un grand défi. Cela devient même un art lorsqu'il s'agit de créer un lieu qui soit attrayant en toutes saisons. Cependant, un aménagement paysager ne doit pas nécessairement être fleuri uniformément tout l'été pour être réussi; il peut être très agréable de vivre dans un jardin qui se modifie chaque jour et qui marque les saisons par quelques périodes de floraison très intense.

Une allure naturelle

Les plantations sont à leur meilleur lorsque les végétaux sont placés de la même façon qu'ils le sont dans la nature. À l'état sauvage, les plantes forment des massifs et prennent de l'expansion chaque année, grâce à leurs racines qui s'étendent; elles

Cette plantation possède un aspect très naturel, car les massifs d'échinacées pourpres (Echinacea purpurea) *et de marguerites 'Alaska'* (Leucanthemum x superbum 'Alaska') *ne sont pas clairement délimités et qu'ils s'entremêlent.* ►

◄ *Hémérocalle 'Dainty Pink'* (Hemerocallis 'Dainty Pink')

▲ *Des végétaux de formes et de hauteurs très diverses confèrent énormément de rythme et de dynamisme à cette plate-bande. L'arrière-plan de cette magnifique composition est constitué du rhododendron 'Roseum Elegans'* (Rhododendron *'Roseum Elegans') et de la matteuccie fougère-à-l'autruche (*Matteuccia struthiopteris*), alors qu'à l'avant se trouve la renouée bistorte 'Superbum' (*Polygonum bistorta *'Superbum' syn.* Bistorta vulgaris *'Superbum'), aux jolis épis de fleurs rose pâle.*

peuvent également se propager par leurs semences, ce qui amène l'apparition de nouvelles touffes à une certaine distance du plant mère.

Lorsque vous créez des massifs, assurez-vous de disposer les végétaux d'une même espèce en nombres impairs (3, 5, 7), en respectant bien l'espacement recommandé entre les plants. Vous facilitez ainsi la pénétration des différentes espèces les unes dans les autres sans qu'il y ait de démarcation nette entre elles.

De plus, vous devez associer des végétaux de hauteurs différentes, de façon à créer des arrangements rythmés et dynamiques. Bien sûr, vous pouvez placer les plantes en rangées, les basses à l'avant, les moyennes au centre et les plus hautes à l'arrière.

Vous obtiendrez cependant un meilleur résultat en cassant cette monotonie. Mettez à l'arrière-plan des vivaces de hauteurs variables et à l'avant des plantes basses, qui pénètrent parfois assez profondément dans la plate-bande pour se retrouver directement sous les plantes hautes, qu'elles mettront ainsi en valeur. De cette façon, les massifs de plantes hautes et ceux de plantes moyennes se chevauchent, ce qui fait ressortir en même temps les attraits de plantes différentes.

À l'arrière, les printanières

Dans la nature, beaucoup de plantes à floraison printanière poussent sous le couvert des végétaux ligneux. Dans un jardin, plutôt que de les masser à l'avant des plates-bandes comme c'est souvent le cas, il est préférable de placer les plantes bulbeuses à floraison printanière et plusieurs vivaces hâtives à l'arrière, à proximité des arbres et des arbustes. L'espace situé devant reste disponible pour les plantes estivales et automnales qui, au moment où les printanières fleurissent, commencent à sortir de terre. Elles nous laissent ainsi profiter de leur floraison et, par la suite, cachent leur inesthétique feuillage jauni.

Mieux vaut disposer à l'arrière-plan certaines plantes dont la floraison ne survient que vers la fin du printemps, comme plusieurs cultivars de pavots orientaux (*Papaver orientale*), les ancolies (*Aquilegia* spp.) et le cœur-saignant (*Dicentra spectabilis*). Ces plantes possèdent un feuillage qui peut se dessécher rapidement dans certaines conditions et qui doit être masqué par d'autres végétaux.

◄ *Plusieurs plantes bulbeuses à floraison printanière, comme la tulipe 'Peach Blossom'* (Tulipa *'Peach Blossom'), possèdent un feuillage qui se décolore et devient rapidement inesthétique une fois leur floraison terminée. Vous pouvez cacher les plantes printanières défraîchies et peu attrayantes en les plantant derrière des végétaux dont l'apparition est plus tardive, comme les hostas* (Hosta *spp.) par exemple.*

Cependant, quelques plantes basses à floraison printanière doivent tout de même être placées à l'avant des plates-bandes. Certaines d'entre elles, telles que les pulmonaires (*Pulmonaria* spp.) et les bergénias (*Bergenia* spp.) conservent un feuillage très décoratif longtemps après leur floraison. Les petites plantes bulbeuses, quant à elles, peuvent être implantées à travers d'autres végétaux, comme des couvre-sols par exemple, de façon à camoufler leur feuillage fané une fois la floraison terminée.

Un complément aux vivaces

Comme la plupart des vivaces ont une floraison courte, il peut être nécessaire de les associer à des annuelles, à des plantes bulbeuses à floraison estivale ou à des vivaces à floraison prolongée. Les annuelles ont le désavantage d'avoir le même aspect durant toute la saison ; en trop grand nombre, elles apportent une certaine monotonie au jardin.

Afin de créer des aménagements dont les formes et les couleurs varient au cours de la saison, il est préférable de planter peu d'annuelles; le résultat est souvent meilleur lorsqu'elles ne figurent pas en masse trop importante. Assurez-vous également de choisir des annuelles qui s'harmonisent parfaitement avec les vivaces. Par ailleurs, les vivaces à floraison prolongée, dont certaines fleurissent pendant près de quatre mois, se combinent facilement aux autres vivaces déjà existantes.

Certaines annuelles peuvent être placées directement dans les plates-bandes puisqu'elles s'harmonisent particulièrement bien aux plantes vivaces et aux arbustes. C'est le cas du tournesol 'Pacino' (Helianthus annuus *'Pacino'*).

Utilisées en très petit nombre et de façon judicieuse, en pots par exemple, les fleurs annuelles apportent un attrait au jardin lorsque les floraisons des arbustes et des vivaces diminuent.

▲ *Les graminées ornementales telles que le pennisetum (*Pennisetum setaceum*), apportent énormément d'intérêt au jardin en septembre et en octobre, période où les floraisons sont moins importantes. Au lever ou au coucher du soleil, lorsque le vent est léger, les graminées prennent toute leur valeur.*

Une finale spectaculaire

Parce qu'elles sont pour la plupart assez hautes, nous avons tendance à placer les vivaces à floraison automnale à l'arrière des plates-bandes. Plantez-les plutôt à l'avant et au centre, de façon à cacher les plantes estivales défraîchies qui ont terminé leur floraison. On trouve aujourd'hui une foule de cultivars de vivaces automnales suffisamment petits pour être plantés en avant-plan. N'oubliez pas d'utiliser les graminées qui confèrent beaucoup de mouvement et de légèreté aux plantations d'automne.

Un jardin hivernal attrayant

Durant l'hiver, on oublie bien souvent le jardin, alors qu'il peut pourtant être très dynamique sous son couvert de neige. Pour lui donner vie, vous devez alors compter sur les conifères, les arbustes à feuillage persistant, les écorces colorées et texturées ainsi que les fruits de certains arbres et arbustes qui persistent une grande partie de l'hiver.

▲ *Les petits fruits rouges du houx verticillé* (Ilex verticillata) *contribuent à rendre le jardin agréable et attrayant même sous la neige.*

Certaines plantes, comme les astilbes (Astilbe *spp.*) *et les hortensias* (Hydrangea *spp.*), *forment de jolies fleurs sèches. En ne les taillant pas, vous apportez un attrait supplémentaire au jardin d'hiver.* ▶

Le mélampodium 'Medaillon' (Melampodium *'Medaillon'*), *une plante annuelle aux fleurs jaunes, revient de façon récurrente dans cette composition. Elle donne du rythme à cet aménagement et fait en sorte que toutes les parties qui le composent soient parfaitement bien reliées.*

L'UNITÉ FAIT LA FORCE

Il se dégage toujours une atmosphère très agréable d'un jardin où règne l'harmonie. Un aménagement paysager uni est généralement un aménagement fort et beau. Peu importe où on se trouve dans un jardin, il est important d'avoir le sentiment que toutes les plantations, les constructions et les autres éléments font partie d'un tout. La répétition est une des façons les plus simples et les plus efficaces pour obtenir un effet de continuité et de rythme essentiels à l'unité d'un jardin.

Le retour à plusieurs endroits d'une même plante permet de lier les différentes parties d'une plate-bande et même d'un jardin entier, et de lui donner ainsi beaucoup d'harmonie. Certaines plantes aux caractéristiques frappantes sont excellentes pour tenir ce rôle unificateur. C'est le cas de l'armoise de Louisiane (*Artemisia ludoviciana*) et de l'épiaire (*Stachys byzantina*) qui possèdent des feuilles grises dont la texture est remarquable. L'alchémille (*Alchemilla mollis*) est une

Dans cet aménagement, le géranium sanguin (Geranium sanguineum) *revient à plusieurs endroits. Grâce à ses fleurs qui possèdent une couleur frappante, cette vivace basse permet de lier les différentes parties de ce jardin et de donner le sentiment qu'elles sont parfaitement unies.* ▶

*L'unification d'un aménagement par la présence d'une plante couvre-sol peut parfois créer une certaine monotonie. Sur de grandes surfaces, plutôt que d'utiliser un seul couvre-sol, il est alors préférable de planter plusieurs végétaux tapissants aux couleurs semblables mais dont certaines autres caractéristiques diffèrent. Cette association entre le thym serpolet (*Thymus serpyllum*) et l'œillet 'Tiny Rubies' (*Dianthus gratianopolitanus *'Tiny Rubies') démontre bien le dynamisme qu'apporte l'utilisation de plusieurs couvre-sols.* ▸

autre plante que vous pouvez utiliser pour créer des répétitions. Grâce à son feuillage singulier et à ses jolies fleurs jaune tendre, elle capte facilement l'attention tout en mettant en valeur les autres plantes qu'elle accompagne. Certains cultivars d'heuchère au feuillage pourpre, comme l'heuchère 'Velvet Night' (*Heuchera* 'Velvet Night') ou encore l'heuchère 'Regal Robe' (*H.* 'Regal Robe'), peuvent également servir de lien visuel entre les différentes parties d'un même jardin.

Une couleur récurrente peut nouer les différentes parties d'un même aménagement paysager et donner l'impression qu'il forme un tout. Vous pouvez donc sélectionner quelques plantes dont les fleurs ont une couleur très semblable et les installer de façon qu'elles reviennent à plusieurs endroits dans votre jardin. Sans pour autant créer des plantations monochromes, restreindre l'utilisation de couleurs et de textures permet de donner un effet beaucoup plus harmonieux. Les couleurs des plantes doivent également s'intégrer à leur environnement et aux structures existantes. Pour ce faire, vous pouvez alors les harmoniser ou les mettre en contraste avec les couleurs du revêtement de la maison ou d'un élément architectural particulier (volets, cadres de fenêtres, etc.).

Les plantes couvre-sols apportent aussi énormément d'unité et d'harmonie dans un jardin. Utilisées au pied des végétaux, elles forment un lien visuel entre diverses parties d'une plantation ou même d'un aménagement paysager entier. Les couvre-sols sont excellents pour mettre en valeur et faire ressortir certaines plantes plus hautes. Finalement, l'utilisation de couvre-sols, comme le muguet (*Convallaria majalis*), le lamier (*Lamium maculatum*) et la lysimaque rampante (*Lysimachia nummularia*), permet de relier des plantes dont les caractéristiques sont très distinctes.

◄ *Dans cette plantation, l'houttuynia 'Chameleon' (*Houttuynia cordata* 'Chameleon') atténue les différences de formes et de textures des plantes qu'elle accompagne. Comme la plupart des couvre-sols, sa présence diminue l'effet de contraste entre les végétaux.*

SOUS UN SOLEIL ARDENT

◄ *Delosperma de Cooper* (Delosperma cooperii)

Une très grande quantité de plantes ornementales nécessitent un bon ensoleillement pour bien croître et se développer adéquatement. Un terrain exposé au plein soleil — recevant plus de six heures d'ensoleillement par jour — permet de cultiver un maximum d'espèces végétales. Cependant, lorsqu'un site est composé d'un sol retenant peu d'eau et qu'il est littéralement bombardé par les rayons du soleil, le choix de plantes utilisables est beaucoup plus restreint. Heureusement, on trouve sur le marché plusieurs plantes parfaitement bien adaptées à ces conditions de culture particulières.

Des situations problématiques

Plusieurs situations sont particulièrement éprouvantes pour les plantes. Les plates-bandes adossées aux murs qui font face au sud sont un des endroits les plus problématiques. Les abords des piscines creusées figurent également parmi les sites où les plantes souffrent le plus de l'ensoleillement très intense et de la sécheresse. Finalement, les sols en pente qui sont constamment soumis au drainage de l'eau sont des endroits où la réalisation de plantations devient aussi très difficile. Toutefois, plusieurs solutions s'offrent à vous et vous permettront de tirer profit de ces situations problématiques.

Des plantes bien adaptées

Quand une plante n'est pas adaptée à l'environnement où on la place, sa croissance est généralement déficiente, ce qui la rend plus fragile aux attaques des insectes et des maladies. Il est donc essentiel que vous choisissiez des végétaux bien adaptés aux conditions qui règnent sur votre terrain. En plantant des végétaux originaires d'habitats similaires et bien adaptés à l'ensoleillement, au type de sol dont vous disposez ainsi qu'à votre zone de rusticité, vous aurez plus de facilité à entretenir et à réussir votre jardin.

Plusieurs plantes sont naturellement bien adaptées aux sols sableux et secs qui sont situés en plein soleil. D'abord, les plantes vivant aux abords de la mer, comme le rosier rugueux (*Rosa rugosa*), le gazon d'Espagne (*Armeria maritima*) et l'armoise de Steller (*Artemisia stelleriana*), font partie des plantes les plus résistantes à la sécheresse. Il est également possible de

▲ *L'armoise de Steller 'Silver Brocade'* (Artemisia stelleriana *'Silver Brocade'*) *et l'orpin 'Vera Jameson'* (Sedum *'Vera Jameson') sont deux plantes vivaces très résistantes à la sécheresse. Placées ensemble, elles forment un contraste de couleurs puissant et surprenant.*

planter des végétaux provenant de milieux semi-désertiques comme certaines espèces de yuccas (*Yucca* spp.), les orpins (*Sedum* spp.) et même le cactus à raquettes (*Opuntia humifusa*) qui est rustique jusqu'en zone 4! Ces plantes, particulièrement bien adaptées à la chaleur et à la sécheresse, sont généralement munies de feuilles très épaisses. Plusieurs autres types de végétaux sont également bien adaptés à de telles conditions.

Un petit coup de pouce

Bien que plusieurs des végétaux adaptés aux sols secs et pauvres ne nécessitent pas d'entretien, leur vigueur sera améliorée si vous les plantez dans un sol un peu plus riche, comme une terre brune légèrement sableuse. Vous n'avez qu'à mélanger de la bonne terre brune à jardin à un sol sableux et très pauvre pour obtenir un terreau idéal. Faites cependant attention de ne pas leur fournir un sol trop riche ; pour la plupart des plantes adaptées aux sols secs et pauvres, les apports de compost et de fertilisants doivent être restreints. Des quantités trop importantes de ces produits les font croître de façon excessive, ce qui les rend faibles et molles. Elles auront alors tendance à s'écraser au sol. Limitez-vous donc à des apports annuels de compost d'au plus 1 kg par m^2 (0,5 cm d'épaisseur).

Mes préférées

Je vous propose ici quelques-unes de mes plantes de soleil préférées. Ce sont des végétaux résistants à la chaleur et à la sécheresse. De plus, ils sont pour la plupart relativement faciles à cultiver et leur rusticité est éprouvée pour les jardins de l'est du Canada. Vous pouvez trouver ces plantes sur le marché horticole, du moins dans certaines pépinières et jardineries spécialisées.

▲ *Une superbe association entre l'achillée filipendule (*Achillea filipendulina*) et un arbuste appelé vitex (*Vitex agnus-castus*), qui n'est malheureusement rustique qu'en zone 6b, mais qui peut être remplacé par l'arbuste à papillons 'Empire Blue' (*Buddleia davidii *'Empire Blue') ou 'Nanho Blue' (*B. davidii *'Nanho Blue') dans les régions plus froides.*

Achillée filipendule (*Achillea filipendulina*), zone 3

L'achillée filipendule est probablement une des plus belles espèces d'achillées disponibles sur le marché horticole. Ses superbes fleurs de couleur jaune, qui s'élèvent à un peu plus de 1 m, s'épanouissent sans arrêt de la fin de juin à la fin d'août. Elle se marie particulièrement bien aux fleurs violettes, bleues ou mauves. De plus, l'achillée filipendule possède un magnifique feuillage vert foncé finement découpé comme celui des fougères. Cette plante, relativement tolérante à la sécheresse, préfère une bonne terre à jardin brune bien drainée située en plein soleil.

Coréopsis 'Moonbeam' (*Coreopsis verticillata* 'Moonbeam'), zone 3

Cette plante donne l'impression d'être toujours en fleurs. C'est effectivement une des plantes vivaces qui fleurissent le plus longtemps : du début de l'été jusqu'aux premières gelées de l'automne. Elle atteint 40 cm de hauteur sur autant de largeur et produit de magnifiques petites fleurs jaune très pâle. La couleur très douce des fleurs de cette plante met bien en valeur les fleurs roses, mauves ou bleues. Le coréopsis 'Moonbeam' est une vivace résistante qui demande peu d'entretien et qui pousse très bien dans

*Le coréopsis 'Moonbeam' (*Coreopsis verticillata *'Moonbeam') se marie particulièrement bien aux fleurs bleues telles que la véronique en épi (*Veronica spicata*).* ▶

des endroits exposés au plein soleil, dans une terre à jardin brune ou même sableuse. Une fois bien implantée, cette vivace tolère facilement la sécheresse.

Échinacée pourpre (*Echinacea purpurea*), zone 3
L'échinacée pourpre, originaire du centre-est des États-Unis, est une superbe plante vivace que j'adore parce qu'elle n'a pratiquement que des qualités. D'abord, elle produit une spectaculaire floraison qui se prolonge sur presque trois mois. En effet, ses fleurs s'épanouissent généralement à partir de la fin de juillet jusqu'à la fin de septembre et même parfois jusqu'au début d'octobre. Ses fleurs très caractéristiques sont en fait des inflorescences composées d'une multitude de petites fleurs de couleur rouille-orangé sans pétales formant le cœur et de quelques fleurs possédant un seul pétale rose légèrement pourpré au pourtour. L'échinacée pourpre atteint généralement un peu plus de 80 cm de hauteur. Elle est extrêmement tolérante à la chaleur et la sécheresse à cause de ses racines épaisses qui ont la faculté d'emmagasiner l'eau pour les périodes difficiles. Très vigoureuse et résistante, elle s'adapte à plusieurs types de sols à condition qu'ils soient bien drainés et situés en plein soleil ou, à la rigueur, à la mi-ombre. Elle préfère tout de même une bonne terre à jardin brune bien fraîche.

Népète (*Nepeta* x *faassenii*), zone 4
La népète est une vivace formidable qui produit, de la fin de juin à la fin de septembre, de jolies fleurs bleues. Une légère taille après chacune des floraisons permet une apparition encore plus abondante de nouvelles

◄ *Échinacée pourpre* (Echinacea purpurea)

On trouve également sur le marché horticole un joli cultivar d'échinacée à fleurs blanches (Echinacea purpurea *'Alba'*). ▼

fleurs. Avec sa floraison d'un bleu soutenu, la népète s'associe parfaitement bien aux vivaces à fleurs orange ou jaunes. C'est une plante basse qui atteint environ 30 cm de hauteur sur un peu plus de largeur. Elle est très résistante ; elle demande peu d'entretien et pousse parfaitement bien dans les endroits ensoleillés ou très légèrement ombragés, dans une terre à jardin brune ou même sableuse et caillouteuse. Elle est très tolérante à la sécheresse.

Un contraste saisissant et intense entre les fleurs bleues de la népète et les fleurs vermillon du pavot oriental 'Allegro' (Papaver orientale *'Allegro'*).

Scabieuse 'Butterfly Blue' (*Scabiosa* 'Butterfly Blue'), zone 3
Cette scabieuse naine, qui n'atteint pas plus de 30 cm de hauteur, produit une magnifique et abondante floraison bleu lavande à partir du mois de juin jusqu'aux premières gelées d'automne. Son inflorescence très originale est composée d'une multitude de petites fleurs dont les pétales sont un peu froissés. La floraison de la scabieuse naine 'Butterfly Blue', d'une durée exceptionnellement longue, s'étend du mois de juin aux premières gelées d'automne. Il est préférable que vous installiez cette plante en plein soleil dans une bonne terre à jardin brune. Il est essentiel que le sol se draine facilement, car elle tolère mal les excès d'eau. Il existe également une scabieuse naine 'Pink Mist' aux fleurs roses.

Népète (Nepeta *x* faassenii) ▶

Un mariage original entre la scabieuse 'Butterfly Blue' (Scabiosa *'Butterfly Blue'*), *la népète* (Nepeta mussinii) *et l'heuchère 'Regal Robe'* (Heuchera *'Regal Robe'*).

ANNUELLES RESPLENDISSANTES

La culture des plantes annuelles en contenants est très exigeante. Il n'est donc pas rare qu'on soit déçu des résultats obtenus. Avec les quelques conseils et idées que voici, vous avez toutes les chances d'obtenir cet été des pots, des jardinières et des boîtes à fleurs réussis, exubérants et originaux.

Les fuchsias ont généralement un port retombant qui convient parfaitement bien aux paniers suspendus situés à la mi-ombre et à l'ombre légère. Je vous propose d'utiliser le cultivar 'Gartenmeister Bonstedt' (Fuchsia *'Gartenmeister Bonstedt') qui possède un port plus dressé. Cet élégant fuchsia est magnifique, planté seul dans un pot. Il s'harmonise également très bien aux plantations de vivaces situées à l'ombre. Durant tout l'été jusqu'aux premières gelées, il produit de superbes fleurs retombantes de couleur vermillon qui contrastent magnifiquement avec le vert pourpré de son feuillage.* ▶

Bien dans leur pot

Il est inutile de disposer des cailloux au fond des pots et des boîtes à fleurs ; ils occuperaient l'espace d'une partie du terreau dont les plantes ont tant besoin. Percez-en plutôt le fond de quelques trous afin que le surplus d'eau s'écoule facilement. Il faut au moins un trou de 1 cm de diamètre tous les 30 cm. Le fond de certains contenants, comme la plupart des boîtes à fleurs de plastique, est percé d'un large trou muni d'un grillage qui s'obstrue bien souvent. Vous avez intérêt à le remplacer par une petite pierre plate, une pièce de tissu perméable ou encore un filtre à café.

Comme l'espace est plutôt restreint dans la plupart des contenants, utilisez un terreau très riche qui retient bien l'eau et les éléments nutritifs. Un terreau composé de deux tiers de terre spécialement conçue pour les boîtes à fleurs, comme le fameux Pro-Mix, ou de terre à jardin brune, et d'un tiers de compost assure aux plantes annuelles une pleine floraison. Attention, ne mélangez jamais de fumier frais au terreau ; en se décomposant, il brûlerait et détruirait les radicelles des végétaux.

Cette composition originale possède beaucoup de dynamisme grâce à une association judicieuse de fleurs et de feuillages aux couleurs et aux formes contrastantes. L'héliotrope 'Marine' (Heliotropium arborescens *'Marine'), aux fleurs violettes très odorantes, et le pennisetum pourpre* (Pennisetum setaceum *'Rubrum') se marient magnifiquement aux fleurs de couleur jaune teinté de vert de la nicotine 'Starship Lemonlime'* (Nicotiana alata *'Starship Lemonlime'). L'utilisation du violet et du jaune, qui sont des couleurs complémentaires, donne beaucoup d'opulence à cet arrangement.* ▶

Le bident (Bidens ferulifolia) *possède un feuillage finement découpé sur lequel sont portées une multitude de petites fleurs jaune vif. En pot ou dans une boîte à fleurs, ses longues tiges, qui atteignent plus de 60 cm de longueur, retombent légèrement et confèrent aux arrangements un effet de mouvement. Le bident est une plante annuelle qui demande beaucoup de soleil et qui tolère très bien la sécheresse et la chaleur.* ▼

Le même terreau peut être utilisé une deuxième année à la condition que vous incorporiez du compost directement dans la boîte à fleurs. Une autre technique consiste à vider la terre des boîtes dans une brouette et à y mélanger du compost. Peu importe la méthode utilisée, l'important est que la terre récupérée soit retournée et bien décompactée.

C'est à boire qu'il leur faut

En raison de la forte évaporation d'eau, les fleurs en contenants doivent être arrosées pratiquement chaque matin durant les chauds mois de juillet et d'août. En dehors de cette période, arrosez seulement lorsque le sol est sec en surface.

Comme les éléments nutritifs contenus dans le terreau sont rapidement lessivés par les arrosages fréquents, vous devez absolument faire des apports d'engrais réguliers. Appliquez donc toutes les deux semaines un fertilisant riche en phosphore et en potassium. On mélange habituellement un engrais de formulation 15-30-15 à l'eau d'arrosage. Cependant, il importe d'alterner à l'occasion avec un engrais plus riche en azote, comme un engrais de synthèse de formulation 20-20-20. Deux ou trois fois durant l'été, vous pouvez également vaporiser un mélange d'algues liquides et d'émulsion de poisson sur le feuillage de toutes les plantes annuelles. C'est un fertilisant assez complet qui fournit aux plantes du potassium, de l'azote, un peu de phosphore, plusieurs oligo-éléments, des acides aminés, des enzymes, des antibiotiques et même des hormones de croissance !

Finalement, de façon à favoriser une floraison plus abondante, n'oubliez pas d'éliminer régulièrement toutes les fleurs mortes.

◄ *Il se dégage beaucoup de légèreté et de romantisme de cette magnifique association de rose et de blanc. Les petites fleurs blanches du* Petunia integrifolia *et les grandes fleurs roses veinées de pourpre du Surfinia® se marient parfaitement bien aux délicates inflorescences blanches d'*Heliotropium arborescens *'Alba'. Au moment de la confection de boîtes à fleurs ou de potées fleuries, assurez-vous d'utiliser des plantes aux exigences semblables. Les annuelles qui composent cet arrangement nécessitent toutes le plein soleil, un sol riche et un arrosage soutenu, surtout en période de chaleur intense.*

L'utilisation d'une seule espèce végétale dans un pot donne toujours un superbe effet. Cela confère beaucoup de sobriété à un aménagement tout en lui donnant un aspect très classique. En utilisant des plantes arbustives ou encore des annuelles de grandes dimensions, comme ce magnifique agapanthe 'Luly' (Agapanthus *'Luly') aux fleurs bleues, vous donnez beaucoup d'ampleur aux contenants. Placé à l'extérieur en plein soleil, l'agapanthe peut fleurir pendant tous les mois de juillet et d'août. Bien qu'il soit vivace, il n'est rustique qu'en zone 8. Vous devez donc le rentrer dans la maison avant les fortes gelées d'octobre.* ►

*Contrairement au Surfinia®, qui demande énormément d'entretien pour donner des résultats satisfaisants, le calibrachoa 'Million Bells'® (*Calibrachoa *x* hybrida *'Million Bells'®) demande très peu de nettoyage et de taille pour fleurir abondamment et il est aussi plus résistant à la sécheresse.*

Comme il a un port retombant, il s'utilise bien en contenant ou dans les plates-bandes comme couvre-sol. Selon les cultivars, il produit une abondance de petites fleurs blanches, jaunes, bleues ou roses, semblables à celles des pétunias miniatures. ▶

Sortie en douce

Lorsque vous achetez vos annuelles au printemps, ne choisissez pas les plus fleuries mais plutôt celles qui sont courtes, trapues et dénuées de fleurs ; leur reprise sera meilleure après la plantation.

Certains producteurs de plantes présentent maintenant leurs fleurs annuelles en pots ou encore en petites cellules où chaque plant pousse individuellement, mais la plupart sont encore vendues en caissettes de polystyrène. Voici un truc pour

◄ *Il n'est pas absolument nécessaire qu'elle soit constituée de fleurs pour qu'une plantation en pot soit réussie. Vous pouvez facilement réaliser de superbes arrangements en utilisant des plantes aux feuillages dont la couleur, la forme et la texture diffèrent. De plus, ces plantes aux feuillages décoratifs mettent en valeur les fleurs qu'ils accompagnent. Dans cette belle association, on retrouve le plectranthe à feuillage panaché* (Plectranthus coleoides *'Variegata'), le basilic à feuilles pourpres frisées* (Ocimum basilicum *'Purple Ruffles') et la cinéraire maritime 'Silverlace'* (Senecio cineraria *'Silverlace') dont le feuillage gris très découpé vient créer un lien entre les différentes plantes. Pour apporter de l'originalité à vos compositions, en plus des fines herbes, vous pouvez aussi utiliser des plantes vivaces à croissance rapide comme la lysimaque rampante dorée* (Lysimachia nummularia *'Aurea') ou encore l'ortis jaune à feuillage panaché* (Lamiastrum galeobdolon *'Variegatum'). À la fin de la saison, lorsque vous nettoyez vos contenants, plutôt que de jeter ces plantes, vous pouvez les transplanter au jardin pour les voir repousser l'année suivante.*

extirper facilement les fleurs de leur caissette : placez les pouces sur les trous qui servent à l'égouttement et pressez fermement. De cette façon, la motte de terre sort d'un seul bloc ; vous n'avez pas besoin de découper la caissette. Cette technique fonctionne à merveille à condition que les plantes soient bien enracinées.

Pour séparer les plants les uns des autres, vous devez couper la motte avec un couteau tranchant et bien propre. C'est la méthode qui blesse le moins les racines et qui assure la meilleure reprise. Enfin, pour éviter que les caissettes vides ne soient emportées par le vent, enfilez-les toutes sur une cordelette ou un fil de fer.

*Les plantes grimpantes sont très intéressantes pour les petits terrains puisqu'elles permettent de maximiser l'utilisation de l'espace en usant de la hauteur. Comme les plantes grimpantes vivaces mettent quelques années avant de recouvrir une pergola ou une tonnelle, vous pouvez les planter en compagnie d'annuelles grimpantes. Ces plantes couvrent les structures rapidement et offrent une jolie floraison en attendant que les vivaces aient atteint leur maturité. La gloire du matin à fleurs rouges (*Ipomoea quamoclit*) est une annuelle grimpante fort originale. Placée sur un obélisque de métal ou de bois, elle devient un point d'intérêt très remarqué dans un jardin.* ▶

*Le dolique (*Dolichos lablab*) est une annuelle grimpante singulière qui est idéale pour égayer les balcons et les jardins où l'espace est restreint. Cette plante peut atteindre 3 mètres de hauteur et recouvrir n'importe quel treillis en quelques semaines seulement. Le dolique produit de petites fleurs roses, caractéristiques de la famille des légumineuses dont il fait partie, et produit également des fruits de couleur bourgogne très décoratifs.* ▸

Marguerite 'Everest' (Leucanthemum *x* superbum *'Everest'*)

UN PETIT SUPPLÉMENT

La fertilisation n'est pas essentielle ; elle n'est utilisée que pour obtenir une croissance maximale des végétaux. Il est donc possible d'obtenir de très belles plantations en n'ajoutant que du compost. En plus d'améliorer la qualité du sol, le compost peut également fournir presque tout l'azote et le soufre, ainsi que près du tiers du phosphore, nécessaires aux plantes. Cependant, à la suite d'une analyse du sol, il est parfois nécessaire d'apporter un peu d'engrais dans des cas bien précis : plantes ornementales qui ne semblent pas avoir une croissance acceptable, végétaux en pots dont on attend une performance maximale, ou encore certaines plantes fruitières et potagères.

Contrairement à la plupart des cultivars, qui ont gagné en valeur ornementale au détriment de leur robustesse naturelle, la plupart des plantes ornementales qui n'ont pas subi de modifications génétiques demandent très peu d'engrais. Les nouveaux cultivars, généralement issus d'hybridations ou de manipulations génétiques, sont devenus plus sensibles à la concurrence et requièrent davantage de soins que les plantes indigènes d'Amérique du Nord, d'Europe et d'Asie utilisées dans nos jardins.

Synthétiques ou naturels

Il existe deux groupes de fertilisants bien distincts : les fertilisants synthétiques, appelés aussi engrais chimiques, et les fertilisants naturels. Les engrais synthétiques proviennent du mélange de produits chimiques ou naturels qui contiennent un ou plusieurs éléments nutritifs essentiels. Le superphosphate est un bon exemple de fertilisant synthétique. Il est obtenu par une combinaison d'acide sulfurique et de phosphate naturel finement moulu.

La plupart des fertilisants synthétiques ont l'avantage d'être rapidement assimilables par les plantes. En revanche, ils sont plus facilement lessivés par les pluies et sont susceptibles de polluer les cours d'eau. Ils provoquent fréquemment un déséquilibre violent dans le sol ; les micro-organismes se multiplient à une vitesse incroyable en assimilant des quantités massives d'éléments nutritifs apportés par ces fertilisants, provoquant ainsi une série de problèmes. De plus, les plantes fertilisées très régulièrement avec des engrais de synthèse poussent souvent de façon anormale et atteignent des dimensions démesurées, ce qui les rend beaucoup plus vulnérables aux attaques des insectes et des maladies. Cependant, il existe maintenant sur le marché des fertilisants synthétiques à dégagement plus lent qui permettent d'éviter une partie de ces problèmes.

Les fertilisants d'origine naturelle, quant à eux, proviennent principalement d'extractions minières et de résidus animaux ou végétaux. Les os moulus, qui constituent une excellente source de phosphore à action lente, représentent un bon exemple d'engrais d'origine naturelle. Ils doivent d'abord, comme presque tous les fertilisants naturels, être décomposés par les micro-organismes du sol avant d'être disponibles sous des formes directement assimilables par les végétaux. De façon générale, les engrais naturels ont une action plus lente, et donc prolongée, que les engrais synthétiques ; ils stimulent la vie microbienne du sol et assurent aux plantes un plus grand apport de nourriture. Si vous utilisez des engrais d'origine naturelle, il n'est pas nécessaire de fractionner les quantités comme c'est souvent le cas avec les engrais de synthèse. Un seul apport effectué en début de saison vers la fin d'avril ou en mai suffit bien souvent. Mais attention ! certains engrais d'origine naturelle, comme la farine de sang et le nitrate de soude, ont des effets aussi violents que certains engrais synthétiques ; il faut les utiliser en très petites quantités.

Quelques fertilisants naturels très efficaces

Farine de plume

La farine de plume est un produit riche en azote (environ 13 p. 100) qui provient des abattoirs de poulets. Je l'utilise principalement pour améliorer la croissance des conifères desséchés ou brûlés par les vents hivernaux. Vous pouvez épandre jusqu'à 1 kg de farine de plumes tous les 10 m^2 ce qui équivaut à environ 15 ml (une petite poignée) par plante. Cependant, comme ce produit dégage ses principes actifs sur une période d'un peu plus de trois mois, assurez-vous de l'appliquer tôt au printemps, vers la fin d'avril ou en mai au plus tard. En août, les plantes ne doivent plus assimiler l'azote contenu

Des éléments essentiels

Il existe 16 éléments nutritifs essentiels à la croissance des végétaux. Ceux-ci interviennent dans la plupart des processus vitaux des plantes. Trois de ces éléments, le carbone (C), l'oxygène (O) et l'hydrogène (H), sont fournis par l'air et l'eau ; les 13 autres éléments proviennent principalement du sol, mais ils font parfois défaut et doivent être apportés par la fertilisation.

Les éléments majeurs primaires sont l'azote (N), le phosphore (P) et le potassium (K). Ils assurent une croissance et un développement sains et vigoureux des plantes, qui les absorbent en grande quantité. L'azote, un constituant de la chlorophylle, donne la couleur verte aux feuilles et entre dans la composition de toutes les protéines des plantes. Le phosphore contribue à la floraison, à la fructification, au développement des graines ainsi qu'au développement radiculaire. Quant au potassium, il est responsable de la rigidité des tissus et de l'aoûtement ; il semble qu'il joue également un rôle dans le développement des racines, des fruits et des graines.

Les éléments majeurs secondaires sont le calcium (Ca), le magnésium (Mg) et le soufre (S). Ils jouent un rôle aussi important que les éléments primaires, mais les végétaux en requièrent de moins grandes quantités. Le calcium est essentiel à la croissance des tiges et des feuilles. Pour sa part, le magnésium est un constituant très important de la chlorophylle. Finalement, le soufre est un composant de plusieurs protéines et de plusieurs enzymes des plantes.

Les sept éléments mineurs, ou oligo-éléments, ainsi nommés en raison de la faible utilisation qu'en font les plantes, ne doivent toutefois pas être négligés, puisqu'ils sont nécessaires à une foule de mécanismes physiologiques des plantes. Les oligo-éléments sont le bore (B), le chlore (Cl), le cuivre (Cu), le fer (Fe), le manganèse (Mn), le molybdène (Mo) et le zinc (Zn).

dans cet engrais, parce que cela nuirait grandement à la lignification de leurs nouvelles pousses (photo 20).

Os moulus
Ce fertilisant provient d'os d'animaux finement moulus. Les os moulus sont composés de 10 à 12 p. 100 de phosphore assimilable par les plantes et de près de 24 p. 100 de calcium ; ils contiennent également un peu d'azote. Appliquez ce fertilisant au moment de la plantation de tous les végétaux ornementaux afin de stimuler leur enracinement. Lors de l'entretien annuel, en plus d'épandre du compost, vous pouvez apporter des os moulus, principalement au pied des vivaces et des arbustes à fleurs. Il n'est pas nécessaire d'en apporter toutes les années puisqu'ils peuvent prendre jusqu'à trois ans à se dégrader complètement dans le sol. Vous pouvez épandre jusqu'à 2 kg d'os moulus tous les 10 m^2 ce qui équivaut à environ 30 ml (une poignée) par plante. Faites cependant attention de bien distribuer les os moulus puisqu'ils ont tendance à former des croûtes s'ils sont accumulés au même endroit. Comme le phosphore est un élément peu mobile, vous devez faire pénétrer légèrement cet engrais dans le sol ou encore le mélanger au compost (photo 21).

Sulfate de potassium et de magnésium
Mieux connu sous le nom commercial de Sul-Po-Mag, le sulfate de potassium et de magnésium se retrouve à l'état naturel dans les mines. Ce fertilisant contient généralement 22 p. 100 de potassium soluble, 22 p. 100 de soufre et 11 p. 100 de magnésium. Appliquez le Sul-Po-Mag vers la fin de juillet au pied des arbres et des arbustes ornementaux et des plantes fruitières. Utilisez ce fertilisant avec précaution parce qu'il est très soluble et peut brûler les jeunes tissus des plantes. Vous pouvez épandre de 250 à 500 g de Sul-Po-Mag par 10 m^2 (photo 22).

Algues liquides
Ce produit est constitué d'*Ascophyllum nodosum,* une algue qui vit dans l'Atlantique Nord. Elle contient de l'azote, un peu de phosphore, beaucoup de potassium — jusqu'à 17 p. 100 dans certains cas — plusieurs oligo-éléments essentiels aux plantes, des acides aminés, des enzymes, des antibiotiques et des hormones de croissance. Un produit pour le moins étonnant ! Vous pouvez faire une application d'algues liquides à deux ou trois reprises avant la fin du mois de juillet afin d'assurer une croissance vigoureuse et une floraison abondante aux annuelles, aux vivaces et à certaines plantes exigeantes, malades ou soumises à des conditions environnementales stressantes. Vous n'avez qu'à vaporiser ce produit mélangé à de l'eau sur le feuillage des plantes en respectant bien les quantités recommandées par le fabricant (photo 23).

20

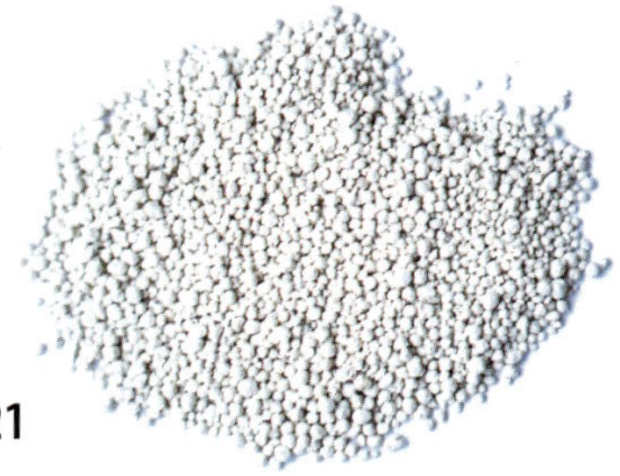
21

22

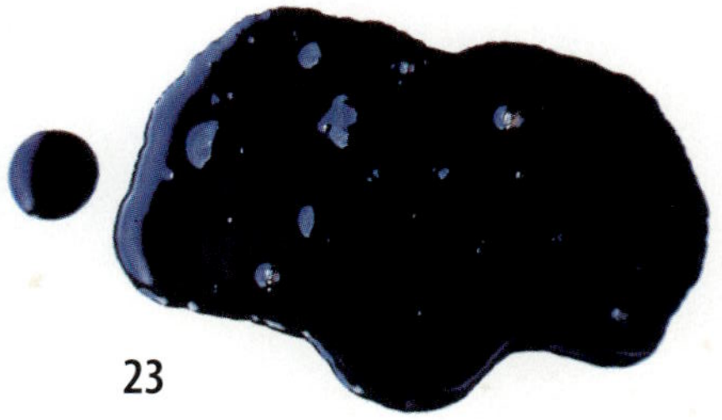
23

Interpréter les formules des fertilisants

La composition des fertilisants synthétiques ou naturels est indiquée sur l'emballage. Par exemple, la formule 10-3-1 signifie que le fertilisant est composé de 10 p. 100 d'azote (N), de 3 p. 100 de phosphore (P_2O_5), de 1 p. 100 de potassium (K_2O) et de 86 p. 100 d'autres éléments comme le carbone et l'oxygène. De façon générale, les engrais qui possèdent une formulation dont le premier chiffre est beaucoup plus élevé que les autres contiennent beaucoup d'azote et sont destinés aux plantes cultivées pour leur feuillage, comme le gazon et les conifères. Les fertilisants dont le deuxième chiffre est le plus élevé sont riches en phosphore et conviennent aux plantes cultivées pour leurs fleurs et leurs fruits. Finalement, les engrais ayant une formulation dont le dernier chiffre est le plus haut contiennent beaucoup de potassium et sont surtout utilisés vers la fin de l'été pour améliorer la résistance au froid des plantes ligneuses. Ils sont également utiles dans la culture des plantes à fleurs et des plantes fruitières.

Ce n'est pas parce qu'un fertilisant possède 52 p. 100 d'azote qu'il est nécessairement meilleur qu'un autre qui n'en contient que 12 p. 100. Ce que vous devez plutôt vérifier est la durée de la disponibilité des éléments nutritifs contenus dans le fertilisant que vous achetez. Un engrais à dégagement lent, qu'il soit d'origine naturelle ou synthétique, est toujours plus efficace qu'un engrais à dégagement rapide. Parce qu'ils ne sont pas lessivés aussi facilement, les éléments nutritifs contenus dans les fertilisants à dégagement lent sont assimilés en plus grande quantité par les plantes. La plupart des engrais naturels ont un dégagement lent de même que quelques engrais de synthèse tels que le Nutricote™ et l'Osmocote™ ou ceux portant les inscriptions S.C.U. (Sulfur Coated Urea), Nutralene™, IBDU™ et Polyon®, par exemple.

◄ *Verge d'or 'Goldenmosa'* (Solidago *'Goldenmosa') et monarde 'Blaustrumpf'* (Monarda didyma *'Blaustrumpf', syn. 'Blue Stocking'*).

Rudbeckia 'Goldsturm' (Rudbeckia fulgida *var.* sullivantii *'Goldsturm'*) ►

Rhododendron 'Rosy Lights' (Rhododendron *'Rosy Lights'*)

ACIDE OU ALCALIN?

Le pH indique le taux d'acidité du sol. Il est évalué selon une échelle graduée de 1 à 14. Si le pH est inférieur à 7, le sol est acide ; s'il est supérieur à 7, le sol est alcalin ; s'il est égal à 7, le sol est neutre.

Échelle du pH

1	2	3	4	5	6	**7**	8	9	10	11	12	13	14
		Acide				Neutre				Alcalin			

Le pH idéal d'un sol de culture est de 6,5. Cependant, si l'analyse révèle que le pH de votre sol est de 6 à 7,5, il n'y a pas lieu de vous inquiéter puisque la plupart des plantes poussent bien dans un sol neutre ou légèrement acide.

Les effets du pH sur les plantes

Lorsque le sol est fortement acide (pH inférieur à 5,5), plusieurs éléments nutritifs tels que l'azote et le phosphore, deviennent difficilement assimilables par les plantes tandis que certains oligo-éléments comme le fer et le manganèse deviennent plus solubles. Assimilés en trop grande quantité, ces oligo-éléments peuvent être toxiques pour plusieurs plantes. Par ailleurs, dans un sol trop acide, les bactéries et certains autres micro-organismes n'arrivent plus à décomposer adéquatement les matières organiques.

L'analyse du pH

La végétation est le premier élément qui peut vous renseigner sur le pH de votre sol. Si des plantes comme les épervières (*Hieracium* spp.), la petite oseille (*Rumex acetosella*) et le fraisier des champs (*Fragaria virginiana*) y poussent spontanément, le sol est probablement acide. Cependant, pour en connaître le pH exact, il est essentiel de confier l'analyse de votre sol à un laboratoire spécialisé par l'intermédiaire d'une jardinerie.

Pour les faire analyser, il est préférable de prélever les échantillons de sol après la récolte pour un potager et avant la plantation pour une plate-bande. Faites toujours analyser votre sol à la même période de l'année. On doit absolument faire une analyse distincte pour chacune des parties du jardin. Il est donc essentiel de prélever un échantillon du sol du potager, un échantillon du sol des plates-bandes et un autre du sol de la pelouse. Il peut même être nécessaire de faire analyser

Un échantillon bien prélevé

Si vous désirez obtenir des résultats d'analyse les plus conformes possible à la réalité de votre sol, vous devez absolument prélever vos échantillons selon une méthode précise. Voici les étapes à suivre pour effectuer un échantillonnage adéquat.

1. À l'aide d'une truelle propre, creusez un trou d'une profondeur de 15 cm (10 cm seulement pour les pelouses).
2. Au fond du trou, prélevez une tranche de sol de 3 cm d'épaisseur et déposez-la dans un contenant propre. Remblayez ensuite le trou.
3. Chaque échantillon doit être composé de prélèvements faits à plusieurs endroits représentant bien la parcelle à analyser. Faites environ 4 prélèvements par 10 m^2 pour chacun des échantillons.
4. Mélangez les prélèvements pour obtenir un échantillon homogène. Avec des gants propres, enlevez les cailloux, les racines et autres débris.
5. Déposez 250 ml (une tasse) de ce mélange dans un petit sac propre en prenant soin d'y inscrire votre nom, votre adresse et l'endroit d'où provient l'échantillon (potager, pelouse ou plate-bande).

séparément les prélèvements d'une même plate-bande dont le sol présente des variations importantes.

L'analyse permet de connaître non seulement le pH du sol mais aussi le pH tampon, le taux de matière organique et la teneur en certains éléments nutritifs majeurs. Le pH tampon exprime l'aptitude d'un sol à résister aux variations de pH. Les sols bien structurés et riches en argile et en humus présentent un excellent pH tampon.

Il est également possible d'effectuer vous-même l'analyse du pH à l'aide d'un pH-mètre portatif. Plusieurs modèles sont offerts sur le marché, mais pour obtenir un instrument fiable et performant, il faut débourser près de 200 dollars.

L'exploitation d'un sol acide

Vous pouvez tirer parti d'un sol acide en y plantant des végétaux acidophiles. Le tableau suivant donne une liste de plantes qui exigent ou qui tolèrent un sol dont le pH est inférieur à 6.

Cœur-saignant (Dicentra spectabilis)

TABLEAU 11

Plantes de milieux acides

(Qui exigent ou tolèrent un sol dont le pH est inférieur à 6.)

Annuelles	Bégonia, impatiente, œillet d'Inde
Vivaces	Astilbe, bugle rampant, chrysanthème, cœur-saignant, épimède, fougère, galane, iris de Sibérie, iris versicolore, lamier, ligulaire, muguet, pachysandre, pervenche, primevère, tiarelle
Arbustes	Andromède, bruyère, daphné, houx, hortensia, if, kalmia, mahonia, rhododendron
Arbres	Bouleau, chêne rouge, épinette, magnolia, pin, pruche, sapin

Modifier le pH

Si vous désirez cultiver une plus grande variété de végétaux et que votre sol est acide ou alcalin, il faudra d'abord en modifier le pH. Au Québec, à cause de la nature de la plupart des sols, on intervient surtout pour hausser le pH, sauf dans les basses terres du Saint-Laurent où les sols sont généralement neutres ou même un peu alcalins. Il est important de ne jamais modifier le pH trop rapidement pour ne pas perturber l'activité des micro-organismes du sol, qui sont très sensibles aux variations subites des conditions de leur milieu. Il ne faut pas modifier le pH d'un sol de plus d'une unité par année. Il est donc parfois nécessaire d'échelonner le travail sur quelques années pour obtenir le pH voulu.

La chaux est le produit idéal pour hausser le pH d'un sol. On en retrouve deux types sur le marché horticole : la chaux agricole, aussi nommée chaux calcique, et la chaux dolomitique. La chaux qui est obtenue en broyant de la pierre calcaire contient de grandes quantités de calcium et un peu de magnésium. La chaux dolomitique contient pour sa part beaucoup plus de magnésium que la chaux calcique. En plus d'éliminer l'acidité et de fournir du calcium et du magnésium aux plantes, la chaux contribue à améliorer la structure du sol. On ajoute la chaux au printemps ou à l'automne lorsque le sol est relativement sec. Sur des sols en pente, vous pouvez mettre la moitié de la chaux à l'automne et l'autre moitié au printemps pour éviter qu'elle ne soit entièrement lessivée par les pluies et la fonte des neiges. Il est recommandé de bien l'incorporer au sol pour obtenir des résultats plus rapides. La finesse de la mouture de la chaux influence également sa rapidité d'action dans le sol (photo 24).

24

25

Le tableau suivant énumère les quantités de chaux dolomitique ou calcique nécessaires pour augmenter le pH d'une unité, pour passer de pH 5 à pH 6 par exemple. Vous devez apporter plus de chaux aux sols lourds et argileux qui ont un pH tampon élevé.

TABLEAU 12

Doses de chaux calcique ou dolomitique à apporter au sol pour augmenter le pH d'une unité

Terre sableuse	2,5 kg par 10 m^2
Terre à jardin brune	4 kg par 10 m^2
Terre argileuse	5 kg par 10 m^2

Pour abaisser le pH d'un sol, vous pouvez utiliser de la tourbe de sphaigne, des aiguilles de pin ou du soufre (photo 25). Pour diminuer le pH d'une unité, pour passer, par exemple, de pH 8 à pH 7, vous devez appliquer 500 g de soufre par 10 m^2. Tout comme dans le cas de l'augmentation du pH du sol, il est préférable de ne pas l'abaisser de plus d'une unité par année et de faire plutôt des ajouts échelonnés sur quelques années pour obtenir le pH adéquat.

Le pH a une grande influence sur la santé du sol et la croissance des végétaux ; il est donc essentiel de le vérifier tous les trois ou quatre ans.

Comme elle n'est composée que de graminées, une pelouse est un milieu fragile qui peut facilement être envahi par les mauvaises herbes, les insectes et les maladies si elle n'est pas entretenue convenablement et si le sol n'est pas maintenu en santé. Bien qu'ils constituent une grande source de pollution, les pesticides et les engrais de synthèse à dégagement rapide sont malheureusement encore utilisés massivement pour l'entretien des gazons. Vous pouvez toutefois opter pour un entretien rapide et économique en utilisant des produits naturels et des techniques horticoles qui respectent l'environnement. Entretenue de façon écologique, non seulement votre pelouse sera belle, mais en plus, elle sera saine et se défendra plus facilement contre les envahisseurs.

Une intervention s'impose si votre pelouse est dégarnie et qu'elle contient trop de mauvaises herbes ou si le sol est compact et bosselé. Il faut habituellement de deux à trois ans pour remettre en bon état une pelouse détériorée, mais par la suite, un simple entretien régulier suffit. Cependant, lorsque plus de 40 p. 100 de la superficie d'un gazon est envahie par les mauvaises herbes, il ne reste plus qu'à tout recommencer en implantant une nouvelle pelouse par placage ou par semis. Un gazon ne peut évidemment pas tenir longtemps sur une terre de remplissage très poudreuse et retenant mal l'eau ou sur un sol lourd et compact ; il est donc essentiel de lui fournir au moins 10 cm de bonne terre.

Rénovation et entretien de la pelouse

Le pH du sol

Le pH indique le taux d'acidité du sol. Tous les trois ou quatre ans, faites analyser un échantillon du sol de votre pelouse dans un laboratoire spécialisé par l'intermédiaire d'une jardinerie, de façon à vous assurer que le pH se situe bien entre 6 et 7,5. La chaux est le produit idéal pour hausser le pH d'un sol. En plus d'éliminer l'acidité et de fournir du calcium et du magnésium au gazon, la chaux contribue à améliorer la structure du sol. Vous devez l'épandre directement sur la pelouse par temps pluvieux. Cet ajout se fait à l'automne ou au printemps, toujours deux à trois semaines avant l'application de compost (voir p. 44).

Aération et déchaumage

On effectue les travaux d'aération lorsque le sol est relativement sec, au printemps (avril et mai) ou à l'automne (fin septembre et octobre). C'est une étape importante de la rénovation d'une pelouse dont le sol est très compact. Les deux ou trois premières années, aérez le sol annuellement et, par la suite, une fois tous les 3 ou 4 ans en guise d'entretien. L'aération augmente la porosité du sol, ce qui favorise un meilleur égouttement de l'eau et assure un meilleur développement racinaire du gazon, augmentant ainsi sa densité. Pour faire ce travail, il est absolument essentiel d'utiliser un aérateur mécanique qui extrait des carottes de terre (photo 26). On trouve cet appareil dans les magasins de location d'outillage.

26

L'aération terminée, enlevez les carottes de terre qui jonchent le sol à l'aide d'un râteau à feuilles. Un ratissage ferme permet en même temps de débarrasser la pelouse du chaume accumulé. Je vous recommande cependant de ne pas effectuer le déchaumage à l'aide d'une déchaumeuse mécanique. C'est un traitement beaucoup trop radical pour une pelouse. L'élimination du chaume lors de l'aération printanière assure au gazon un verdissement plus rapide et une meilleure pénétration du compost et des fertilisants. Un ratissage ferme effectué lors du ramassage des feuilles mortes à l'automne éliminera également le chaume et préviendra la propagation de maladies fongiques.

Le chaume est une couche de débris organiques de couleur gris beige qui se forme à la surface du sol entre les brins d'herbe. Il est constitué des rognures laissées lors de la tonte, de racines et de stolons morts. Dans les sols riches, dont les populations de micro-organismes et de vers de terre sont en santé, le chaume est continuellement décomposé. Une mince couche de chaume qui n'excède pas 2 cm d'épaisseur est tout à fait acceptable. Cependant, une couche plus épaisse indique généralement une faible activité biologique du sol, un pH acide ou encore une fertilisation trop riche en azote.

Terreautage

Tout de suite après l'aération, vous devez procéder à un terreautage, surtout si votre sol est pauvre. Cette importante opération consiste à épandre une fine couche de compost directement sur le gazon (photo 27). Vous pouvez faire pénétrer le compost dans les trous d'aération et entre les brins de gazon à l'aide d'un râteau à feuilles que vous tiendrez les dents pointées vers le haut (photo 28). Il est primordial de bien faire pénétrer le compost, car s'il reste en surface, le terrain sera glissant et dangereux pour les promeneurs (photo 29).

27

28

29

TABLEAU 13

Doses et périodes d'application d'engrais à pelouse d'origine naturelle pour une surface de 100 m²

COMPAGNIE	FORMULE	DOSE	PÉRIODE D'APPLICATION
Écoval	9-2-2 + fer	4 kg	avril, dès le verdissement
(3 applications)	9-2-4	4 kg	début juillet
	4-4-8 + fer	4 kg	début septembre
McInnes	8-3-3	10 kg	avril, dès le verdissement

NOTE : Les trois engrais d'Écoval peuvent être mélangés et appliqués en une seule fois au printemps.

Durant les deux ou trois années qu'exige la remise en état d'une pelouse, vous pouvez épandre annuellement 100 kg de compost par 100 m^2. Les années suivantes, la dose pour l'entretien annuel n'est que de 50 kg par 100 m^2. Lors de l'entretien annuel, il n'est pas absolument nécessaire d'aérer le sol avant d'y épandre le compost. Il est toutefois recommandé de faire cet épandage au printemps (avril et mai) ou à l'automne (fin septembre et octobre).

L'ajout de compost contribue d'abord à améliorer la structure du sol, lui assurant ainsi une meilleure rétention d'air, d'eau et d'éléments nutritifs. Il apporte également une certaine quantité d'éléments nutritifs essentiels au gazon tels que l'azote et le phosphore. Finalement, le compost augmente la quantité et la vigueur des micro-organismes du sol ce qui permet, entre autres, une meilleure décomposition du chaume.

Fertilisation

La fertilisation faite avec des engrais d'origine naturelle joue un certain rôle dans l'amélioration et le maintien de la qualité structurale du sol. Ces engrais stimulent également la vie microbienne dans le sol et assurent aux plantes un plus grand apport en éléments nutritifs. Vous pouvez tout de même obtenir une belle pelouse en n'ajoutant que du compost et en laissant les rognures de gazon sur place. La fertilisation n'est pas essentielle ; elle n'est utilisée que pour obtenir une croissance maximale du gazon.

On trouve sur le marché horticole quelques engrais à pelouse d'origine naturelle. Le tableau 13 décrit 2 de ces engrais. Ils doivent être appliqués par temps pluvieux à l'aide d'un épandeur rotatif, mais même appliqués par temps sec, ces engrais ne risquent pas de brûler le gazon. Il est bon de rappeler que le premier chiffre de la formule d'un engrais indique son pourcentage d'azote, le deuxième chiffre, le pourcentage de phosphore et le troisième chiffre, le pourcentage de potassium. Par exemple, chaque kilogramme d'un engrais dont la formule est 13-0-0 est composé de 130 g d'azote.

Vous trouverez dans le tableau 14 la recette d'un engrais naturel que je fabrique moi-même spécialement pour la fertilisation des pelouses. Il est facile de se procurer dans une jardinerie les divers produits qui composent cet engrais. Vous devez appliquer cet engrais au mois d'avril dès le verdissement du gazon, à l'aide d'un épandeur rotatif. Il n'est pas nécessaire de faire une seconde application durant l'été, puisque ces produits libèrent les éléments nutritifs qu'ils contiennent sur une période plus longue et subviennent aux besoins de la pelouse durant toute la saison de croissance.

Il est possible qu'une pelouse fertilisée avec des engrais naturels présente un retard de croissance en début de saison par rapport aux gazons fertilisés avec des engrais de synthèse. Ce phénomène est dû au fait que les engrais naturels doivent être assimilés par les micro-organismes du sol avant d'être rendus disponibles pour les plantes. Ce léger retard peut également s'expliquer par le fait que les végétaux fertilisés et entretenus selon des pratiques écologiques consacrent d'abord leur énergie au développement d'un bon système de racines et ensuite à la croissance de leurs tiges et de leurs feuilles.

Tonte

La tonte est une opération extrêmement importante dans l'entretien d'une pelouse. C'est là une grande source de stress pour le gazon. Imaginez que vous devez subir une intervention chirurgicale chaque semaine !

Assurez-vous d'abord que la lame de votre tondeuse est parfaitement aiguisée. Après un maximum de 24 heures de tonte, vous devez l'affûter à nouveau. Au lieu de faire une coupe nette, une lame mal aiguisée arrache la partie supérieure des brins d'herbe et rend le gazon plus sensible à la sécheresse et aux maladies. Tondez toujours par temps sec et n'enlevez jamais, en une seule tonte, plus du tiers de la hauteur totale du gazon. Il peut donc être nécessaire, par temps chaud et humide, de tondre tous les quatre ou cinq jours.

Vous devez idéalement maintenir en tout temps votre gazon à une hauteur d'environ 6,5 à 7,5 cm. Cela lui permet de former un système racinaire assez profond, car la longueur des racines est à peu près égale à celle des brins d'herbe. En période de sécheresse, des racines plus profondes permettent au gazon de puiser l'eau et les éléments nutritifs plus facilement, lui évitant ainsi le jaunissement. Un gazon plus haut diminue l'ensoleillement au sol, bloquant ainsi la germination de plusieurs herbes indésirables. En revanche, lors de la dernière tonte automnale, vers la fin d'octobre, abaissez la hauteur de coupe à 5 cm pour prévenir la propagation de maladies.

Lorsque la pelouse et le sol sont sains, vous n'avez pas à ramasser les rognures de tonte. Elles seront décomposées de façon naturelle par les micro-organismes du sol et apporteront un peu d'azote au gazon.

TABLEAU 14

Produits entrant dans la composition d'un engrais à pelouse naturel pour une surface de 100 m²

Produit	Formule	Dose	Éléments apportés
Farine de plumes	13-0-0	7 kg	Azote
Os moulus	2-11-0	3 kg	Phosphore et calcium
Sulfate de potassium et de magnésium (Sul-Po-Mag)	0-0-22	3 kg	Potassium, magnésium et soufre

NOTE : Ces trois produits sont mélangés et appliqués en une seule fois au printemps, dès le verdissement du gazon.

Pour ceux qui ne veulent pas retrouver de brins d'herbe dans la maison, il existe sur le marché plusieurs modèles de tondeuses déchiqueteuses qui rendent les brins de gazon si fins qu'ils ne collent presque pas aux chaussures.

Arrosage

La pelouse doit être arrosée le matin. Elle profite ainsi de toute l'eau dont elle a besoin pour affronter la période chaude de midi. Surtout, n'arrosez pas le soir afin de ne pas favoriser la propagation de maladies. Vous devez effectuer des arrosages abondants pour assurer au gazon un développement racinaire bien ramifié et en profondeur. Il est essentiel de fournir à une pelouse au minimum 2,5 cm d'eau par semaine durant la saison de croissance. Évidemment, lors des périodes pluvieuses et fraîches, la pelouse n'a pas ou peu besoin d'arrosage.

Contrôle des insectes, des maladies et des herbes indésirables

Un bon entretien et une fertilisation adéquate sont suffisants pour prévenir la plupart des infestations de mauvaises herbes, de maladies et d'insectes nuisibles. Une pelouse saine, dense et tondue à une bonne hauteur étouffe les herbes indésirables; vous pouvez quand même les tolérer si elles ne couvrent que 5 à 10 p. 100 de la surface totale. Bien que des herbicides d'origine naturelle soient maintenant disponibles sur le marché, le pissenlit (*Taraxacum officinale*), le plantain majeur (*Plantago major*) et les chardons (*Cirsium* spp.) doivent idéalement être enlevés à la main.

Un sol riche et en santé, qui reçoit régulièrement du compost, se défend beaucoup mieux contre les invasions de maladies et d'insectes nuisibles. Si une infestation survient tout de même, il est essentiel de vérifier l'état du sol et du gazon avant d'utiliser des pesticides. Plusieurs facteurs, comme un sol acide et compact, un sol trop humide, une couche de chaume trop épaisse ou encore une fertilisation excessive, peuvent être à la base du problème. Bien souvent, les problèmes sont automatiquement réglés lorsqu'on corrige les mauvaises conditions du sol. N'oubliez pas que les pesticides, même d'origine naturelle, sont une solution de dernier recours.

Une association toujours parfaite entre le géranium 'Johnson's Blue' (Geranium *'Johnson's Blue')*, *l'alchémille* (Alchemilla mollis) *et l'épiaire* (Stachys byzantina).

TRÈS VIVACES, CES GÉRANIUMS !

Nom latin : *Geranium*

Nom commun : géranium vivace

Type : plante herbacée vivace

Famille : géraniacées

Période de floraison : fin du printemps et été

Couleurs : blanc, rose, pourpre, violet, bleu

Exposition : soleil, mi-ombre et ombre légère (quelques cultivars tolèrent l'ombre moyenne et même dense)

Sol : terre à jardin brune bien drainée, avec un pH pouvant varier de 6 à 8

Rusticité : à partir de la zone 3

Il y a évidemment une confusion entre les géraniums vivaces et les géraniums cultivés comme fleurs annuelles. Seuls les géraniums vivaces font partie du genre *Geranium* tandis que les géraniums utilisés comme annuelles font partie du genre *Pelargonium*. Le problème remonte au XVIIIe siècle lorsque Carl von Linné, le père de la taxonomie moderne, a introduit un nouveau système de classification des plantes encore utilisé aujourd'hui. Dans ce système, deux noms latins sont donnés à chaque plante ; un nom de genre déterminant le groupe auquel elle appartient et un nom d'espèce la caractérisant directement. En 1738 on proposa que les géraniums et les pélargoniums soient classés dans deux groupes distincts. Linné refusa cette proposition et les classa tous deux sous le genre *Geranium*. Ce nom est resté collé aux pélargoniums qui étaient très populaires à cette époque, surtout à cause de l'introduction de nouvelles espèces provenant d'Afrique du Sud, alors que peu de vrais géraniums étaient alors disponibles.

Il existe près de 200 espèces de *Geranium* provenant des régions tempérées du globe dont certaines poussent dans la nature en Amérique du Nord. On trouve sur le marché plusieurs espèces botaniques, aux caractéristiques très attrayantes. Divers travaux d'hybridation ont permis la création de nombreux cultivars aux qualités ornementales fort intéressantes.

Le feuillage très découpé des géraniums vivaces est particulièrement ornemental. Bien que certains cultivars possèdent des feuilles jaunes ou de couleur chartreuse, les géraniums ont généralement un feuillage de couleur vert moyen à vert foncé. Les feuilles de certains cultivars sont panachées de jaune, d'autres sont marquées de taches de couleur bronze, pourpre ou même noire. À l'automne, le feuillage de plusieurs géraniums prend des teintes de jaune, d'orange, de rouge, de rouille ou de brun.

Les géraniums vivaces possèdent de magnifiques fleurs simples composées de cinq pétales, ou doubles. La couleur des fleurs des différents cultivars et des différentes espèces varie du pourpre au blanc en passant par toutes les teintes de lavande, de bleu, de violet, de magenta et de rose. Selon les cultivars et les conditions environnementales, la floraison des géraniums s'étale du début de juin jusqu'aux gelées de septembre et du début d'octobre. On voit des géraniums de tous les formats imaginables : les plus petits atteignent au plus 10 cm de hauteur tandis que les plus grands cultivars peuvent faire jusqu'à 1,20 m de hauteur.

Très polyvalents

Les géraniums sont des plantes faciles à cultiver qui peuvent pousser sous différentes conditions d'ensoleillement et qui s'adaptent bien à plusieurs types de sols. Cependant, ils préfèrent généralement une bonne terre à jardin brune bien drainée située au soleil ou à la mi-ombre.

Bien que les géraniums soient considérés comme des plantes de soleil, la plupart d'entre eux préfèrent plutôt la mi-ombre. Il est cependant vrai que beaucoup de cultivars apprécient également les situations très ensoleillées. Les plus résistants au soleil ardent sont *G. endressii* et *G. sanguineum.* Par ailleurs, certains cultivars poussent à l'ombre. Plusieurs s'accommodent sans problème d'une ombre légère et quelques-uns, tels que *G. macrorrhizum*, *G. nodosum* et *G. phaeum,* peuvent vivre sous une ombre moyenne, voire dense dans le cas des deux dernières espèces.

Dans la nature, les géraniums vivent dans des milieux aussi divers que les prés, les montagnes et les forêts. Certains, comme *G. palustre* et *G. pratense,* s'adaptent bien aux sols humides, mais non détrempés ; d'autres, comme *G. endressii* et *G. sanguineum,* tolèrent parfaitement les sols secs et chauds. Certains s'adaptent même aux sols sableux et graveleux, par exemple *G. cinereum*. De façon générale, la plupart des géraniums poussent bien dans une bonne terre à jardin brune. Comme ce ne sont pas des plantes très exigeantes, ne leur apportez pas trop de compost. Dans le cas de certains cultivars et de certaines espèces qui affectionnent les sols sableux, vous pouvez même espacer les apports aux deux ou trois ans. Vous pouvez tout de même fournir à la plupart des géraniums une dose annuelle de 1 kg de compost par m^2, soit 0,5 cm d'épaisseur en sol riche, et jusqu'à 3 kg par m^2, soit 1,5 cm d'épaisseur, dans un sol pauvre ou pour les plantes soumises à une forte compétition racinaire.

La plupart des espèces et des cultivars peuvent passer de très nombreuses années au même endroit sans être divisés. La division, très facile à réussir, s'effectue tôt au printemps ou à l'automne, mais vous pouvez également la faire en plein été tout de suite après la floraison. Plusieurs espèces et certains cultivars peuvent également être facilement propagés par semis.

Presque tous rustiques en zones 3 et 4, les géraniums vivaces sont très résistants aux attaques des insectes et des maladies. Les géraniums sont des plantes fantastiques qui ont leur place dans tous les jardins, puisqu'ils demandent un entretien relativement simple.

Des associations parfaites

Les géraniums se marient bien à certaines plantes qui affectionnent les sols bien drainés, comme la camomille des teinturiers (*Anthemis tinctoria*), la scabieuse du caucase (*Scabiosa caucasica*) et l'épiaire (*Stachys byzantina*). Les géraniums aux fleurs rose foncé tels que *G. psilostemon* et *G. sanguineum,* s'associent de façon étonnante aux plantes à feuillage pourpe comme certaines heuchères (*Heuchera* spp.), le physocarpe 'Diabolo' (*Physocarpus opulifolius* 'Diabolo') et le fustet 'Royal Purple' (*Cotinus coggygria* 'Royal Purple'). Les géraniums aux fleurs bleues se marient de belle façon aux plantes à fleurs jaunes telles que les achillées (*Achillea* spp.), les alchémilles (*Alchemilla* spp.) et les onagres (*Oenothera* spp.), ainsi qu'aux arbustes dont le feuillage est jaune ou doré comme le physocarpe 'Dart's Gold' (*Physocarpus opulifolius* 'Dart's Gold') et la spirée 'Goldflame' (*Spiraea* x *bumalda* 'Goldflame'). Les grands géraniums, quant à eux, s'associent bien aux aconits (*Aconitum* spp.), aux grandes campanules (*Campanula* spp.), aux pied-d'alouettes (*Delphinium* spp.), aux penstémons (*Penstemon* spp.) ainsi qu'à la plupart des rosiers (*Rosa* spp.). Finalement, les géraniums qui poussent à l'ombre peuvent être plantés avec une foule de plantes d'ombre dont les hostas (*Hosta* spp.) et les pulmonaires (*Pulmonaria* spp.).

Le rose intense des fleurs du géranium sanguin (Geranium sanguineum) *forme une composition particulièrement intense et puissante avec le pourpre du feuillage de l'heuchère 'Regal Robe'* (Heuchera *'Regal Robe'*). ▼

Quelques-uns des plus beaux géraniums

Géranium 'Ann Folkard' (*Geranium* 'Ann Folkard'), zone 4
Le géranium 'Ann Folkard' est issu d'une hybridation de *Geranium procurrens* x *Geranium psilostemon* réalisée en Angleterre en 1973. C'est un superbe cultivar dont les jeunes feuilles jaune doré prennent avec le temps une teinte plus verte. Il forme des fleurs très semblables à celles de son parent, *G. psilostemon,* une de mes espèces préférées pour la beauté de ses fleurs magenta, au centre presque noir, qui apparaissent de façon continue de juin jusqu'aux premières gelées automnales. C'est une plante facile à cultiver au soleil ou à l'ombre légère dans une bonne terre à jardin brune bien drainée. Le géranium 'Ann Folkard', qui atteint environ 40 cm de hauteur sur un peu plus de largeur, produit continuellement de longues tiges qui, contrairement à son parent *G. procurrens,* ne s'enracinent pas facilement. Il demeure donc peu envahissant.

▲ *Géranium 'Ann Folkard'*
(Geranium *'Ann Folkard'*)

Géranium 'Ballerina' (*Geranium cinereum* 'Ballerina'), zone 3
Le géranium 'Ballerina' provient d'une hybridation de *Geranium cinereum* var. *cinereum* x *Geranium cinereum* var. *subcaulescens* réalisée chez *Bloom's Nurseries,* dans la ville de Bressingham, en Angleterre. Ce géranium vivace, qui atteint 15 cm de hauteur sur environ 40 cm de largeur, convient bien aux rocailles puisque, comme ses parents, il préfère une terre brune sableuse ou même graveleuse, bien drainée et située en plein soleil. Il s'adapte également à une bonne terre à jardin brune si elle n'est pas trop riche. Le géranium 'Ballerina' forme un feuillage vert grisâtre très dense au dessus duquel s'épanouissent, de la fin de juin jusqu'au début d'août, de magnifiques fleurs rose pâle veinées de pourpre dont le centre est presque noir.

◄ *Géranium 'Ballerina'*
(Geranium cinereum *'Ballerina'*)

Géranium 'Johnson's Blue' (*Geranium* 'Johnson's Blue'), zone 3
Ce géranium vivace, qui atteint 50 cm de hauteur sur parfois un peu plus de largeur, a été hybridé en Hollande durant les années 1950. Le géranium 'Johnson's Blue' est tout simplement hallucinant lorsque en juin et en juillet, il se couvre de magnifiques fleurs bleues très légèrement teintées de rose foncé. Il possède par ailleurs un joli feuillage profondément découpé. Il s'implante rapidement dans une bonne terre à jardin brune, bien drainée, située en plein soleil ; il est également bien adapté aux sols secs où l'ombre est légère. Une fois sa floraison terminée, il est préférable de rabattre les tiges florales afin de donner un plus bel aspect à ce géranium.

Géranium des prés 'Silver Blue' (*Geranium pratense* 'Silver Blue'), zone 4
Ce grand géranium vivace, qui atteint parfois plus de 1 m de hauteur, possède de magnifiques fleurs bleues striées de veines blanches qui s'épanouissent en juillet. Il s'implante rapidement dans une bonne terre à jardin brune, bien drainée, située en plein soleil. Attention ! Tout comme l'espèce, ce cultivar produit une quantité phénoménale de semences. Pour éviter une multiplication effrénée de ce géranium, il est préférable de couper les fruits avant que les graines atteignent leur maturité. Une autre technique consiste à rabattre la plante de moitié une fois le maximum de sa floraison passé. Elle repousse et fleurit parfois à nouveau. Inévitablement, quelques semences réussiront à germer, mais le petit nombre de semis sera ainsi plus facile à contrôler.

Le géranium 'Johnson's Blue' (Geranium 'Johnson's Blue') *marié aux fleurs de l'achémille* (Alchemilla mollis). ►

Géranium sanguin
(*Geranium sanguineum*), zone 4
Ce géranium vivace, qui atteint 30 cm de hauteur sur un peu plus de largeur, est originaire d'Europe. Son joli feuillage vert foncé profondément découpé est très ornemental. À l'automne, ses feuilles prennent un aspect très particulier alors qu'elles se teintent d'orange, de rouille, de rouge et finalement de brun foncé. Les fleurs du géranium sanguin, d'un rose pourpré très foncé, s'épanouissent généralement en juin et en juillet. Une fois cette première pointe de floraison passée, vous pouvez tailler légèrement la partie supérieure du feuillage ainsi que les fleurs fanées de façon à encourager une seconde floraison assez intense qui se prolongera probablement jusqu'au début de septembre. Le géranium sanguin s'implante rapidement dans une bonne terre à jardin brune bien drainée située en plein soleil ou à l'ombre légère. De tous les géraniums vivaces, le géranium sanguin est l'un des plus rustiques et des plus tolérants à la chaleur.

▲ *Étant donné sa hauteur, il est parfois nécessaire de tuteurer le géranium des prés 'Silver Blue'. Une solution plus simple et plus esthétique consiste à le planter en massifs et à l'accompagner de plantes ayant une hauteur semblable telles que la sanguisorbe* (Sanguisorba obtusa)*, avec laquelle il se marie superbement.*

◄ *Géranium des prés 'Silver Blue'* (Geranium pratense *'Silver Blue'*)

Géranium sanguin (Geranium sanguineum)

En plus d'une foule d'autres cultivars, on trouve dans les jardineries le Geranium sanguineum *var.* striatum *dont les fleurs rose très pâle sont magnifiquement veinées de rose plus foncé.*

DOUCES CAMPANULES

Nom latin : *Campanula*

Nom commun : campanule

Type : plante herbacée vivace

Famille : campanulacées

Période de floraison : fin du printemps et été

Couleurs : blanc, rose, bleu et violet

Exposition : soleil, mi-ombre et ombre légère

Sol : riche et bien drainé, avec un pH neutre ou légèrement alcalin situé entre 6,5 et 8,5 (les petites campanules rampantes nécessitent plutôt une terre brune sableuse et bien drainée)

Rusticité : à partir de la zone 3

La popularité des campanules est surtout due à leurs magnifiques fleurs aux couleurs pastel très douces. Habituellement, les fleurs des campanules sont blanches ou bleues, tirant parfois sur le violet. Bien que cela soit plus rare, certaines d'entre elles possèdent également des fleurs roses. La plupart des grandes campanules, telles *C. glomerata, C. lactiflora, C. latifolia* et *C. persicifolia,* fleurissent durant l'été, généralement en juillet. Pour leur part, les campanules naines et rampantes, comme *C. carpatica, C. cochleariifolia, C. portenschlagiana* et *C. poscharskyana,* forment leurs fleurs plus hâtivement, en mai ou en juin, et ont une floraison beaucoup plus longue se prolongeant parfois jusqu'à la fin de septembre.

Les exigences culturales des campanules peuvent aussi être reliées à leur forme et à leur port. Les grandes campanules préfèrent généralement les endroits mi-ombragés, mais elles apprécient également le soleil et l'ombre légère ou même modérée dans quelques cas. Elles demandent un sol riche, frais et bien drainé. Un terreau composé de 2 tiers de terre à jardin brune ordinaire, ou de sol existant s'il est de bonne qualité, et d'un tiers de compost leur convient parfaitement. Vous devez ensuite épandre du compost à leur pied tous les ans : 1 kg de compost par m^2 (0,5 cm d'épaisseur) dans un sol déjà riche et jusqu'à 3 kg par m^2 (1,5 cm d'épaisseur) dans un sol plus pauvre ou dans le cas de plantes en forte compétition avec leurs voisines.

Les petites campanules rampantes demandent un environnement différent. D'abord, elles nécessitent le plein soleil ou la mi-ombre ; rares sont les espèces et les cultivars qui poussent bien à l'ombre. Pour la plupart originaires de milieux montagneux, les petites campanules demandent un sol moins riche que les grandes. Une terre brune légèrement sableuse et bien drainée leur convient bien. Un mélange d'un tiers de compost, d'un tiers de terre sableuse et d'un tiers de petit gravier peut également faire l'affaire. Bien qu'elles soient peu exigeantes quant à la nature du sol, vous pouvez tout de même leur apporter un peu de compost chaque année ou tous les deux ans seulement (environ 1 kg par m^2, soit l'équivalent de 0,5 cm d'épaisseur).

Campanule des Carpates (Campanula carpatica). ▶

Campanule des Carpates (*Campanula carpatica*), zone 3
Cette petite campanule est originaire de la chaine montagneuse des Carpates qui s'étend principalement en Ukraine et en Roumanie. Elle forme un joli feuillage très compact qui n'atteint pas plus de 15 cm de hauteur sur environ 30 cm de largeur, et au-dessus duquel se dressent une multitude de petites fleurs qui possèdent la forme d'une coupe. On trouve plusieurs cultivars sur le marché ; 'Blaue Clips' (syn. 'Blue Clips') possède des fleurs bleu ciel, 'Weisse Clips' (syn. 'White Clips'), des fleurs blanches. *Campanula carpatica* var. *turbinata,* parfois considérée comme le cultivar 'Turbinata', forme quant à elle des fleurs d'un beau bleu violacé. La plupart des cultivars fleurissent pendant une longue période qui s'étale habituellement de la fin de juin à la fin de septembre.

▲ *Introduite tout récemment sur le marché horticole canadien,* C. cochleariifolia *'Elizabeth Oliver' possède de superbes fleurs doubles bleu très pâle.*

◄ *Campanule fluette à fleurs blanches* (Campanula cochleariifolia *var.* alba).

Campanule fluette (*Campanula cochleariifolia*), zone 3

La campanule fluette est une petite plante vivace naine et rampante, qui n'atteint pas plus de 10 cm de hauteur. Elle forme un tapis de feuilles très dense qui, durant l'été, se couvre littéralement de petites clochettes bleues (ou blanches chez la variété *alba*). Les fleurs apparaissent presque sans arrêt de la fin de mai jusqu'au début de septembre. Cette campanule convient aux rocailles et aux murets puisque ses racines pénètrent facilement les fissures et les interstices laissés entre les pierres.

◂ *Campanule à larges feuilles 'Macrantha'* (Campanula latifolia *'Macrantha'*)

Campanule à larges feuilles 'Macrantha' (*Campanula latifolia* 'Macrantha'), zone 3

Sa floraison spectaculaire fait de la campanule 'Macrantha' l'un des cultivars les plus attrayants. De la fin de juin jusqu'à la fin de juillet, elle produit de longues fleurs bleues légèrement violacées. La floraison est portée sur de longues hampes assez robustes qui atteignent environ 1 m de hauteur. Cette campanule nécessite un sol riche et frais, idéalement situé à la mi-ombre quoiqu'elle s'adapte également aux endroits un peu plus ombragés ou ensoleillés. C'est une superbe vivace qui s'associe particulièrement bien aux filipendules (*Filipendula* spp.), aux hémérocalles (*Hemerocallis* spp.), aux lis (*Lilium* spp.) ainsi qu'aux rosiers (*Rosa* spp.).

Campanule ponctuée (*Campanula punctata*), zone 3

Cette campanule est très originale. Elle forme de belles fleurs blanches légèrement teintées de rose qui pendent gracieusement au bout de tiges d'une hauteur de 45 cm. L'intérieur des fleurs est constellé de petits points de couleur rose foncé. C'est une des campanules les mieux adaptées à l'ombre. Lorsque le sol est riche et frais, elle croît sans problème dans les endroits où l'ombre est légère ou même modérée. Comme la campanule ponctuée s'étale assez vigoureusement, vous devez préférablement la ceinturer d'une bordure ou la placer en présence de plantes agressives.

Campanule 'Bernice' (*Campanula trachelium* 'Bernice'), zone 4b
La campanule 'Bernice' possède de superbes fleurs doubles. Sa floraison, qui est de couleur bleu légèrement teinté de mauve, débute en juillet et se poursuit

▲ *Campanule ponctuée*
*(*Campanula punctata*)*

généralement jusqu'à la mi-septembre. Cette campanule atteint environ 60 cm de hauteur. Elle pousse très bien dans une bonne terre à jardin brune située au soleil ou à l'ombre légère. Elle peut tolérer une certaine sécheresse si elle est placée en situation ombragée.

◀ *Campanule 'Bernice'*
*(*Campanula trachelium *'Bernice')*

Une superbe association où le coréopsis à fleurs roses (Coreopsis rosea) *est mis en valeur par le feuillage pourpre de l'orpin 'Vera Jameson'* (Sedum *'Vera Jameson'*).

ORPINS OPPORTUNS

Nom latin : *Sedum*

Nom commun : orpin

Type : plante herbacée vivace

Famille : crassulacées

Période de floraison : fin du printemps, été et début de l'automne

Couleurs : blanc, jaune, rose, rouge et pourpre

Exposition : soleil, mi-ombre et ombre légère

Sol : terre à jardin légèrement sableuse et bien drainée, avec un pH neutre situé entre 6 et 7,5 (la plupart des espèces et des cultivars s'adaptent aussi très bien aux sols plus pauvres, caillouteux et secs)

Rusticité : à partir de la zone 3

Les orpins sont de petites plantes à croissance très rapide qui forment d'excellents couvre-sols, même dans certaines conditions particulièrement difficiles. Ces vivaces possèdent de petites feuilles épaisses et cireuses qui, dans certains cas, persistent sous la neige. Les différents orpins sont surtout utilisés pour leur feuillage coloré, bleuté, bronzé, poupre ou panaché. La plupart des orpins fleurissent durant l'été, en juillet et en août. Cependant, certaines espèces et quelques cultivars, comme *S. acre,* forment leurs fleurs plus hâtivement, en juin, alors que la floraison de *S. sieboldii* débute vers la fin d'août et se termine parfois au début d'octobre. Habituellement jaunes, blanches, roses, rouges ou pourpres, les fleurs conservent bien souvent leur forme et une partie de leur coloration une fois fanées et sèches.

Dans la nature, les orpins poussent dans des milieux très divers. On en voit sur les pentes herbeuses de certaines montagnes de Chine et de Sibérie, tandis que d'autres espèces affectionnent les endroits secs et rocailleux des forêts de pins d'Europe de l'Est. Ce sont des plantes peu exigeantes quant à la nature du sol et qui n'ont généralement plus besoin d'apports de compost une fois bien établies, sauf dans des conditions extrêmes. Vous pouvez donc planter la plupart des orpins dans un terreau composé d'un tiers de compost, d'un tiers de terre à jardin légèrement sableuse et d'un tiers de petit gravier. Certaines espèces comme *S. ternatum,* peuvent toutefois tolérer des sols plus riches et légèrement humides.

Orpin 'Mohrchen' (*Sedum* 'Mohrchen'), zone 3

Avec son superbe feuillage pourpre, le cultivar 'Mohrchen' est un des orpins les plus attrayants. Il produit également de jolies fleurs rose foncé

▲ *Orpin 'Mohrchen'* (Sedum *'Mohrchen'*)

▲ *Il est possible de trouver sur le marché un cultivar d'orpin de Kamtchatka nommé 'Variegatum', dont le feuillage vert est bordé d'une fine marge de couleur crème.*

vers la fin de l'été, en août et en septembre. Introduit récemment au Canada, ce cultivar ressemble à l'orpin 'Vera Jameson', mais s'en distingue cependant par sa hauteur, qui peut atteindre près de 60 cm.

Orpin de Kamtchatka
(*Sedum kamtschaticum*), zone 3
Cet orpin est originaire de la péninsule de Kamtchatka située en Sibérie. Il est bas et rampant ; son feuillage découpé vert foncé atteint au plus 20 cm de hauteur. En juin et en juillet, il se couvre de fleurs d'un jaune très brillant. Sans pour autant être envahissant, cet orpin recouvre rapidement le sol, formant ainsi un tapis presque impénétrable pour la plupart des herbes indésirables.

Orpin 'Iceberg'
(*Sedum reflexum* 'Iceberg'), zone 3
L'orpin 'Iceberg' est composé d'une multitude de tiges couchées au sol et dont les extrémités relevées portent de petites feuilles grises légèrement teintées de bleu. Cet orpin atteint environ 15 cm de hauteur. Sa floraison, de couleur jaune, a lieu en juin et en juillet.

Orpin de Kamtchatka ▶
(Sedum kamtschaticum)

Orpin 'Iceberg' (Sedum reflexum *'Iceberg'*) ▼

Un tapis dense

Bien que les orpins ne soient pas réellement des plantes alpines, ce sont tout de même d'excellents végétaux pour recouvrir les sols pauvres et secs comme celui des rocailles. Faites cependant attention, puisque quelques-uns, tels que *S. acre* et *S. album*, qui sont très envahissants, ne sont carrément pas à leur place dans les petites rocailles. En revanche, plusieurs autres espèces et cultivars moins envahissants recouvrent rapidement le sol, formant des tapis touffus. Pour obtenir un couvre-sol épais qui ne sera pas envahi par les herbes indésirables, vous devez planter les orpins à la densité suivante :

S. kamtschaticum	16 plants par m²
S. reflexum	25 plants par m²
S. sexangulare	25 plants par m²
S. sieboldii	16 plants par m²
S. spathulifolium	25 plants par m²
S. spurium	16 plants par m²
S. stefco	25 plants par m²

▲ *Orpin 'Vera Jameson'* (Sedum *'Vera Jameson') et coréopsis 'Moonbeam'* (Coreopsis verticillata *'Moonbeaum'*)

◄ *Orpin stefco* (Sedum stefco)

Orpin stefco (*Sedum stefco*), zone 3
Bien que cet orpin soit tout petit et un peu intrigant, il n'en demeure pas moins fort attrayant. Il possède un curieux feuillage rougeâtre qui n'atteint pas plus de 5 cm de hauteur. En juin, il se couvre de jolies fleurs blanches.

Orpin 'Vera Jameson' (*Sedum* 'Vera Jameson'), zone 4
L'attrait principal de l'orpin 'Vera Jameson' est son superbe feuillage pourpre aux reflets bleutés. À cause de sa coloration, cet orpin donne un dynamisme très particulier à une plate-bande ; il étonne par l'effet de puissance qu'il impose. Il forme également des fleurs roses, teintées de pourpre, qui s'épanouissent généralement vers la fin d'août et en septembre. Ce cultivar atteint environ 30 cm de hauteur sur un peu plus de largeur.

Clématite 'Polish Spirit' (Clematis viticella *'Polish Spirit'*)

TOUJOURS PLUS HAUT, LES CLÉMATITES !

Nom latin : *Clematis*

Nom commun : clématite

Type : plante ligneuse arbustive et grimpante (plusieurs espèces et cultivars sont herbacés)

Famille : renonculacées

Période de floraison : fin du printemps, été et début de l'automne

Couleurs : blanc, jaune, rose, rouge, pourpre, violet, mauve et bleu

Exposition : soleil, mi-ombre (certaines tolèrent l'ombre légère ou même moyenne)

Sol : riche, toujours frais et bien drainé, avec un pH situé entre 6 et 8

Rusticité : à partir de la zone 3

Aujourd'hui, avec 850 cultivars disponibles, les clématites sont plus populaires que jamais. Ces plantes s'avèrent particulièrement intéressantes pour les petits terrains puisqu'elles permettent de maximiser l'utilisation de l'espace en usant d'une dimension souvent oubliée au jardin : la hauteur. Les clématites sont très polyvalentes ; elles recouvrent assez rapidement les treillis ainsi que certaines constructions telles les tonnelles et les pergolas, et elles peuvent même servir de couvre-sol.

Des exigences très particulières

Les clématites doivent être placées dans un endroit où le feuillage recevra beaucoup de lumière, de façon à stimuler la floraison. Par ailleurs, les racines doivent toujours être maintenues au frais. Il est donc essentiel de conserver le sol humide en plaçant un paillis ou un petit arbuste à leur pied. Une exposition à l'est ou à l'ouest convient parfaitement à la plupart des clématites.

Il est préférable de planter les clématites profondément dans le sol. Le collet et les premiers bourgeons peuvent même être placés sous le niveau du sol. Cela stimule la formation de nouvelles tiges et de nouvelles racines qui amélioreront la vigueur des plants. Cette plante a besoin d'un support. Vous devez donc l'orienter vers le treillis ou le filet qui la supportera, et c'est toute la plante qu'il faut placer dans un angle lui permettant de grimper facilement.

Les clématites sont des plantes très exigeantes en éléments nutritifs. Chaque année, il est très important d'épandre du compost à leur pied. L'application se fait au printemps à raison de 1 à 3 cm d'épaisseur sur un diamètre d'environ 45 cm, selon la richesse du sol. Ne binez pas pour incorporer le compost au sol, le simple fait que la terre soit déplacée près du pied d'une clématite peut diminuer la qualité de sa floraison.

Une taille simple

La taille des clématites est relativement simple. Pour la plupart des espèces et des cultivars, elle se résume à éliminer le bois mort. Vous devez effectuer cette taille au printemps au moment où les bourgeons éclosent. Il suffit alors de rabattre toutes les portions de tiges qui sont mortes en les taillant juste au dessus d'une paire de bourgeons sains et en développement. Cependant, certaines clématites comme les hybrides de *C. jackmanii* et de *C. viticella,* dont les parties aériennes ne résistent pas bien au froid, doivent être rabattues beaucoup plus près du sol. En effet, les tiges qui sortent hors du couvert de neige ne résistent pas toutes aux vents hivernaux à moins d'être situées dans un lieu protégé. Vous devez donc tailler la plupart de ces tiges jusqu'au niveau où la neige était située, toujours juste au-dessus de bourgeons viables.

Mes préférées

Je préfère les clématites à petites fleurs aux hybrides à grandes fleurs. Les clématites à petites fleurs ne captent pas toute l'attention et s'avèrent de meilleures compagnes pour les vivaces que la plupart des hybrides possédant d'immenses fleurs qui semblent presque artificielles. De plus, bien des clématites à petites fleurs sont rustiques et plus vigoureuses ; elles résistent beaucoup mieux à notre climat.

Clématite 'Aljonushka' (*Clematis* 'Aljonushka'), zone 3

La clématite 'Aljonushka', qui a été hybridée en 1963, forme de superbes fleurs qui retombent de façon très élégante. L'intérieur des sépales est mauve alors que l'extérieur est rouge légèrement teinté de bleu. Sa floraison abondante débute en juillet et se poursuit jusqu'en septembre. Cette clématite rustique et résistante peut atteindre environ 2 mètres de hauteur.

Surprenants supports

Chez la clématite, les pétioles des feuilles sont volubiles, ce qui leur permet de s'enrouler autour des supports. Comme ils ne peuvent pas s'accrocher à de larges poteaux, il faut absolument munir votre tonnelle ou votre pergola d'un treillis dont les pièces ont moins de 25 mm de diamètre. Si vous faites grimper ces plantes sur un mur, assurez-vous de laisser un espace d'environ 5 cm entre ce dernier et le treillis. Pour faire changement, vous pouvez utiliser un filet de plastique noir ou transparent plutôt qu'un treillis de bois. Attachez-le solidement à l'aide d'un fil de métal passé au pourtour entre ses mailles et fixé au mur par des vis. Les clématites poussent particulièrement bien sur ce genre de filet.

Vous pouvez aussi faire grimper une clématite sur un arbuste. Il faut évidement sélectionner un arbuste robuste dont la croissance est vigoureuse. Imaginez une clématite aux fleurs violettes (*C. jackmanii*) grimpant sur un sureau doré (*Sambucus canadensis* 'Aurea'). Certaines clématites, telles que *C.* x *durandii* et *C.* x *jouiniana* ne peuvent tout simplement pas grimper sur les structures à moins d'y être attachées. Elles forment cependant d'excellents couvre-sols.

▲ *Clématite 'Aljonushka'* (Clematis *'Aljonushka'*)

▲ *Clématite alpine 'Helsinborg'* (Clematis alpina *'Helsinborg'*)

▲ *Clématite 'Mrs Robert Brydon'* (Clematis *x* jouiniana *'Mrs Robert Brydon'*)

Clématite alpine (*Clematis alpina*), zone 3

La clématite alpine est une des premières clématites à fleurir, en mai et en juin. Ses superbes fleurs retombantes de couleur lavande possèdent des étamines blanches. Cette clématite au feuillage très dense peut atteindre environ 2,5 m de hauteur. On retrouve aussi plusieurs cultivars de clématite alpine dont 'Bufford White' aux fleurs blanches, 'Candy' aux fleurs roses, 'Francis Rivis' aux fleurs bleues à centre blanc et 'Helsinborg' aux fleurs de couleur mauve.

Clématite 'Mrs Robert Brydon' (*Clematis* x *jouiniana* 'Mrs Robert Brydon'), zone 3

Cette clématite herbacée est considérée comme une vivace rampante. En juillet et en août, elle recouvre le sol de ses magnifiques petites fleurs bleu pâle aux étamines blanches. Elle peut atteindre environ 60 cm de hauteur sur parfois près de 2 m de diamètre. Elle pousse bien au soleil ainsi qu'à la mi-ombre et tolère l'ombre légère. Bien que la clématite 'Mrs Robert Brydon' forme un couvre-sol assez épais, placez un paillis à son pied pour empêcher la croissance des herbes indésirables tant qu'elle n'est pas bien établie.

Clématite dorée (*Clematis tangutica*), zone 3

La clématite dorée, originaire de Chine, possède de magnifiques fleurs jaunes retombantes. Ses abondantes fleurs s'épanouissent sans arrêt à partir de juillet jusqu'à la mi-septembre. Même à l'ombre légère, elle produit une floraison satisfaisante. Cette clématite est très vigoureuse et résiste parfaitement bien à la rigueur de nos hivers. Elle peut atteindre 5 m de hauteur.

▲ *Clématite dorée* (Clematis tangutica)

Clématite viorne (*Clematis viorna*), zone 3

Cette clématite est indigène dans le nord-est des États-Unis. On la retrouve aussi parfois dans certains boisés du sud-est du Canada. Elle produit, en juillet et en août, de jolies petites fleurs retombantes en forme de clochettes. La coloration des fleurs est tout simplement magnifique. La partie supérieure des sépales est de couleur rose légèrement violacé alors que la partie inférieure est jaune tirant sur le vert aux extrémités. Malheureusement, on trouve rarement cette clématite dans les pépinières. Seuls quelques spécialistes en ont parfois.

▲ *Clématite viorne* (Clematis viorna)

▲ *Clématite 'Purpurea Plena Elegans'* (Clematis viticella *'Purpurea Plena Elegans'*)

Clématite 'Purpurea Plena Elegans' (*Clematis viticella* 'Purpurea Plena Elegans'), zone 4

Ce cultivar tout à fait étonnant produit, de juillet à septembre, d'étranges fleurs doubles de couleur pourpre. Cette clématite intrigante apporte un certain exotisme dans un jardin. Elle atteint environ 4 m de hauteur.

Clématite 'Étoile violette' (*Clematis viticella* 'Étoile violette'), zone 4

Le cultivar 'Étoile Violette' est un hybride très vigoureux qui forme de superbes fleurs aux sépales violet très foncé teinté de pourpre, contrastant avec ses étamines jaune légèrement teinté de vert. Ses fleurs, qui atteignent environ 12 cm de diamètre, éclosent de juillet jusqu'à la fin de septembre. Cette clématite très vigoureuse peut grimper jusqu'à 6 m de hauteur si son treillis le lui permet.

Clématite 'Étoile violette' (Clematis viticella *'Étoile violette'*)

UN JARDIN COMME UN TABLEAU

Claude A. Simard est un peintre québécois réputé dont l'œuvre singulière et colorée est appréciée partout au Canada et ailleurs dans le monde. Au début de sa carrière, on retrouvait surtout des bâtiments et des personnages sur ses toiles. Depuis quelques années, il s'intéresse plus particulièrement à la représentation de scènes où les fleurs ont généralement la vedette. Cet intérêt à peindre des plantes s'est manifesté lorsqu'il a commencé à aménager son jardin avec sa femme Huguette, il y a une quinzaine d'années. En 1997, Postes Canada lui a demandé de créer un timbre pour commémorer les Floralies internationales de Québec. Le fameux pavot bleu (*Meconopsis betonicifolia*), qu'il a peint à l'aquarelle, est représenté sur ce timbre. C'est à partir de photos et en observant des pavots qu'il cultivait dans son jardin que Claude a réalisé cette illustration.

Pendant leurs premières années de jardinage, le terrain de Claude et de Huguette, situé dans une municipalité voisine de la ville de Québec, était occupé principalement par un potager, mais peu à peu, les plantes ornementales sont venues remplacer les légumes. Leur grande imagination et leur sens artistique prononcé ont mené à la création d'un jardin très dynamique et un peu fou. Claude n'aime pas les jardins trop formels et manucurés. « J'aime bien me laisser dépasser par mon jardin et donner la possibilité à la nature d'organiser certaines choses », m'a-t-il confié. Tout comme ses peintures, son jardin est en constante évolution. Il n'est jamais complètement satisfait de ses œuvres ; il fait donc sans cesse de nouvelles

Dans cette association hallucinante, les fleurs violettes de l'aconit 'Spark' (Aconitum henryi *'Spark') contrastent magnifiquement avec le jaune de celles de l'œil de bœuf* (Telekia speciosa, *syn.* Buphtalmum speciosum), *une plante étonnante parente des ligulaires* (Ligularia *spp.*). *Le contraste ne se limite pas à la couleur puisque la forme des fleurs et des feuillages de ces deux vivaces est également très différente.* ▶

expériences, sur la toile et au jardin, pour améliorer son travail.

Selon Claude, créer un tableau ou un jardin, c'est un peu la même chose. Dans les deux cas, ce sont des œuvres d'art. Le peintre utilise la peinture pour réaliser ses toiles, tandis que l'horticulteur crée des tableaux à partir des végétaux. Il est cependant plus facile pour Claude de créer un jardin en peinture : « Sur une toile, il est possible de synchroniser des floraisons qui ne pourraient l'être dans un jardin réel. Je peux également y contrôler plusieurs éléments environnementaux ; je décide s'il pleut, s'il fait soleil ou si le vent s'est levé. » Bien qu'il s'en inspire, il ne reproduit pas

▲ *Un superbe mariage entre l'échinacée pourpre (*Echinacea purpurea*), l'aconit d'automne (*Aconitum carmichaelii*), qui fleurit plus tardivement que les autres espèces, et l'héliopsis 'Summer Sun' (*Heliopsis helianthoides *'Summer Sun'). Situées à l'arrière, les fleurs jaunes de l'héliopsis mettent en valeur les fleurs bleues de l'aconit. Sur un fond vert, ces dernières seraient presque invisibles.*

◄ *De son atelier, qui est adjacent à la maison, Claude Simard peut admirer son jardin lorsqu'il peint.*

directement ce qu'il observe dans son jardin. Ses tableaux sont plutôt des représentations de plates-bandes et de jardins idéaux.

Un banc de bois, entouré de quelques pots d'annuelles et de fines herbes, permet de s'arrêter un instant et de savourer toute la beauté et la simplicité de ce magnifique jardin. Ce banc fait face à une sculpture réalisée par une amie des propriétaires, pièce très originale qui symbolise une immense goutte d'eau tombant au sol.

Héliopsis 'Summer Sun' et Salicaire

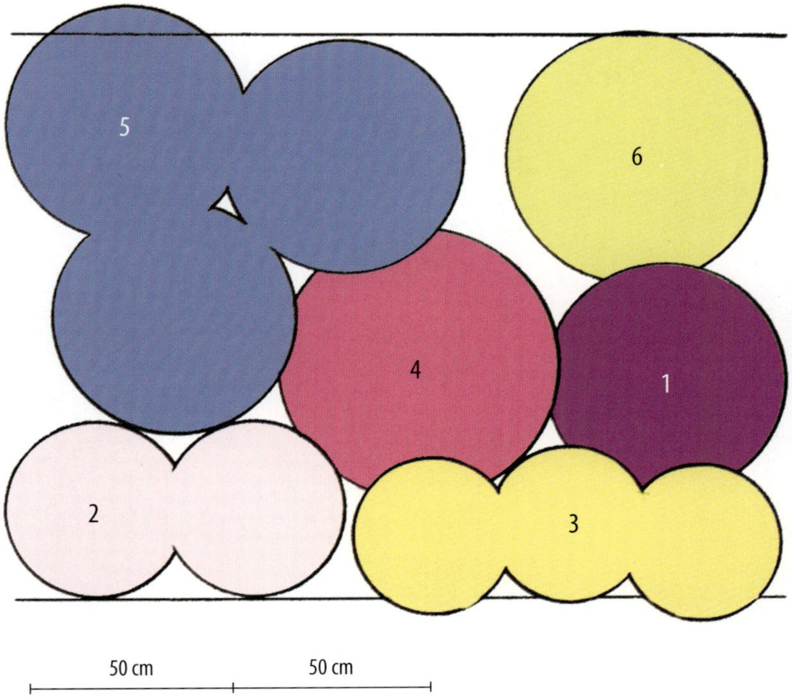

1. Salicaire (*Lythrum salicaria*)
2. Platycodon 'Perlmutterschale' (*Platycodon grandiflorus* 'Perlmutterschale', syn. 'Mother-of-Pearl')
3. Camomille des teinturiers 'Kelwayi' (*Anthemis tinctoria* 'Kelwayi')
4. Mauve musquée (*Malva moschata*)
5. Aconit d'automne (*Aconitum carmichaelii*)
6. Héliopsis 'Summer Sun' (*Heliopsis helianthoides* 'Summer Sun')

Dans ce jardin très fleuri pousse une diversité incroyable de plantes vivaces. Toutes les couleurs, les formes et les textures des végétaux se marient parfaitement bien et forment un ensemble harmonieux. Mais l'utilisation d'un grand nombre de couleurs demande beaucoup d'expérience. Ce n'est qu'avec le temps, au fil des essais, que Claude et Huguette ont pu arriver à ce résultat.

Aconit d'automne

Mauve musquée

La demeure, âgée de près de 100 ans, a été magnifiquement rénovée par ses propriétaires. À l'intérieur de cette maison, comme dans le jardin, on trouve un univers fascinant ; un monde où voyage, passé et enfance se conjuguent subtilement au présent.

UN AUTRE MONDE

Les personnes qui me connaissent ou qui ont assisté aux cours et aux conférences que je donne savent que je parle régulièrement de ma tante Sonia et de mon oncle Pierre, qui possèdent un magnifique jardin dans la région des Bois-Francs. J'évoque leur travail avec beaucoup d'émotion et de respect puisqu'ils m'ont fait découvrir le métier que je pratique aujourd'hui. En œuvrant avec eux pendant plusieurs années, j'ai appris à créer des jardins.

Ma tante et mon oncle ont eu une grande influence sur ma façon de percevoir l'aménagement paysager. Comme ils sont ouverts et très originaux, toujours prêts à tenter de nouvelles expériences, ils m'ont appris à rechercher sans cesse différentes avenues dans la conception et la réalisation de jardins. Grands voyageurs, ils m'ont également incité à explorer la nature et les jardins du monde et à m'en inspirer.

Animé par diverses influences, leur jardin est un endroit singulier qui se démarque de toutes les tendances horticoles actuelles. La plupart des gens qui en font la visite sont étonnés par l'atmosphère dans laquelle ils sont plongés. Ils ont parfois même l'impression de faire un voyage dans un autre monde, un lieu où règne le rêve.

Au milieu des années 1970, Sonia Mondor et Pierre Séguin, jeunes chevelus aux idées fleuries, quittent Montréal pour s'offrir un retour aux sources. Ils achètent une jolie ferme qui s'élève au cœur du massif montagneux des Appalaches. Dès leur

Comme quelques autres bâtiments, la grange d'origine qui menaçait de s'écrouler à tout moment a été démolie. Ses fondations accueillent maintenant un superbe bâtiment entièrement construit à partir de matériaux récupérés. Il abrite principalement la machinerie, les outils et les matériaux servant au paysagement. Au rez-de-chaussée se trouve aussi une section où est exposée une impressionnante collection de jouets anciens. ▶

▲ *Tout près de l'étang on aperçoit une petite terrasse à partir de laquelle les magnifiques montagnes avoisinantes sont bien visibles. Encadré par quelques conifères ainsi que par des arbres et des arbustes feuillus, ce décor fait figure de tableau.*

arrivée, ils plantent plusieurs végétaux sur leur terrain et ouvrent une pépinière qu'ils appellent Les jardins de vos rêves, un nom qui fait beaucoup parler dans la région. Ils offrent alors à leur clientèle des plantes ornementales et fruitières, des engrais, des pesticides et surtout, des conseils. Le défi était grand puisqu'ils cultivaient leurs végétaux selon les principes de la culture biologique et n'offraient que des produits naturels. Tous les fermiers du coin en avaient la chair de poule : ils imaginaient ces jeunes « granolas » cultivant de la *marijuana* fertilisée avec du sang séché et du fumier de chauve-souris !

Comme leur pépinière est assez éloignée des grands centres urbains, ils doivent offrir d'autres services afin de mieux gagner leur vie. Après quelques années, ils décident donc de fonder une firme de paysagement et d'ouvrir une boutique de fleuriste. Voyant leur dynamisme et leur sérieux, les gens de la région leur font rapidement confiance.

Durant les premiers étés, malgré le travail presque incessant, Sonia et Pierre trouvent le temps de créer leurs premières plates-bandes de vivaces autour de la résidence. La plantation de plusieurs arbres et arbustes permet aussi de donner une charpente au jardin et d'en délimiter les diverses parties. Avec la participation d'amis et de parents, ils réussissent, après quelques années seulement, à mettre sur pied un jardin impressionnant.

Leur jardin évolue énormément chaque année. Plusieurs plantations sont complètement réaménagées à la suite de la démolition de certains bâtiments ou encore lors de la rénovation de la maison. De nouvelles parties du terrain sont également exploitées. Cependant, Sonia et Pierre travaillent toujours à partir des éléments existants. Par exemple, dans un endroit situé derrière la résidence, où le sol est très argileux et constamment humide à cause de la présence de sources, ils entreprennent la construction d'un immense étang. Comme la pose d'une toile étanche est beaucoup trop chère, ils décident de recouvrir les parois d'une épaisse couche d'argile afin de les imperméabiliser convenablement. Les pourtours de l'étang sont ensuite plantés de végétaux bien adaptés aux lieux humides. La présence de quelques plantes au feuillage de grande dimension, comme le pétasite géant (*Petasites japonicus* var. *giganteus*), donne une allure très exotique à cette étendue d'eau.

Sonia et Pierre aiment beaucoup voyager. Tous les ans, avec leurs enfants, ils quittent le Québec pour une nouvelle destination. Chaque voyage est une grande source d'inspiration et de motivation et la création de leur jardin est favorablement influencée par ces périples en pays étrangers.

Pour eux, la récupération de vieux matériaux est un moyen économique et original de fabriquer diverses constructions et de donner une charpente aux aménagements. Ceux-ci caractérisent ce jardin et lui donnent une ambiance particulière. Même si de nombreuses structures composent le jardin, son aspect uni et harmonieux est garanti par l'utilisation de matériaux semblables ou complémentaires dont les teintes sont sobres. Roche, brique, métal et bois lui donnent une allure rustique et naturelle.

Mon oncle Pierre a étudié en histoire de l'art. À cette époque, avec quelques

▲ *Pour que ce grand jardin soit parfaitement uni et forme un tout, les propriétaires ont conservé des ouvertures sur les différentes parties qui le composent. Plusieurs éléments, dont un sentier de pierre, une tonnelle ou encore une trouée dans une haie, ont permis de créer des liens entre les diverses parcelles de ce jardin. Près de l'étang, l'observateur profite de cette vue partiellement cachée laissant deviner, au sommet d'une pente, la présence d'un bâtiment invitant.*

▲ *Cet escalier mène à une petite terrasse où se trouvent quelques chaises et une table. Le plancher de cette aire de repos, aménagée en grande partie par mon oncle et moi, est fait avec de vieilles dalles de béton récupérées. Les bacs, où sont plantés divers cultivars de hostas, sont fabriqués avec d'anciennes allèges de fenêtres en granit.*

amis, il a réalisé diverses installations et performances où théâtre, peinture et sculpture se mariaient pour donner naissance à des œuvres plutôt étranges et dérangeantes. Pierre est toujours aussi passionné par la création sous toutes ses formes. Tous les étés, je participe à la réalisation d'un projet d'intégration de sculptures dans leur jardin. Une année, il m'a proposé de l'aider à fabriquer un montage avec des chauffe-eau dépouillés de leur carcasse blanche. La sculpture s'intitulait Envol. Elle était constituée de trois chauffe-eau soudés à différentes hauteurs sur un tuyau de métal planté à la verticale. Je me souviendrai toujours du voisin qui était venu nous aider à déplacer cette lourde pièce avec son tracteur et qui avait demandé à mon oncle, l'air un peu inquiet : « 'C'est tu' des citernes pour arroser tes plantes, ça ? » Toujours en quête de nouvelles expériences, mon oncle a récemment construit une réplique d'un *inukshuk* inuit, qu'on retrouve dans la toundra du Grand Nord canadien. Cette sculpture, entièrement faite en pierres, représente un être humain.

Aujourd'hui, Sonia Mondor et Pierre Séguin consacrent leur énergie à créer des aménagements paysagers pour leur clientèle ainsi qu'à aménager, entretenir et faire visiter leur magnifique jardin. Les jardins de vos rêves sont ouverts au public sur réservation seulement en appelant au (418) 428-3848.

*Ci-dessus : Pierre a toujours été très intéressé par la sculpture. Ces figurines mexicaines assises dans un lit de sabline (*Arenaria verna*) témoignent bien de son attirance pour les œuvres bizarres et étranges.*

*Ce petit mur, formé de pierres trouvées dans les champs avoisinants, soutient une jolie plantation composée entre autres de renouée du Népal (*Polygonum affine, *syn.* Bistorta affinis*) et d'astilbe de Chine 'Pumila' (*Astilbe chinensis *'Pumila'). Ces deux plantes vivaces polyvalentes et faciles à cultiver forment de bons couvre-sols.* ▶

Une plate-bande de fleurs vivaces mène à ce petit pont de bois qui enjambe un ruisseau sec. Très bien conçue, cette plantation rythmée évolue au fil des saisons ; les couleurs et les formes des végétaux qui la composent se modifient régulièrement. Elle est attrayante à partir du printemps, grâce à la présence des bergénias et des iris de Sibérie 'Skywings', jusqu'à la fin de l'automne, où les graminées offrent un contraste saisissant avec les fleurs violettes de l'aster nain 'Violet Carpet' et du feuillage pourpre de l'orpin 'Vera Jameson'. Durant l'été, un spectacle haut en couleur est donné par l'association des fleurs jaunes de la camomille des teinturiers 'Kelwayi', des fleurs orange de l'hémérocalle fauve et de la floraison rouge sombre de la grande radiaire 'Rubra'.

50 cm 50 cm

1. Bergénia (*Bergenia cordifolia*)
2. Iris de Sibérie 'Skywings' (*Iris sibirica* 'Skywings')
3. Camomille des teinturiers 'Kelwayi' (*Anthemis tinctoria* 'Kelwayi')
4. Hémérocalle fauve (*Hemerocallis fulva*)
5. Grande radiaire 'Rubra' (*Astrantia major* 'Rubra')
6. Aster nain 'Violet Carpet' (*Aster dumosus* 'Violet Carpet')
7. Orpin 'Vera Jameson' (*Sedum* 'Vera Jameson')
8. Pennisetum 'Hameln' (*Pennisetum alopecuroides* 'Hameln')
9. Stipa calamagrostide (*Stipa calamagrostis*, syn. *Achnatherum calamagrostis*)

Iris de Sibérie 'Skywings'

Orpin 'Vera Jameson'

Camomille des teinturiers 'Kelwayi'

Bergénia

Hémérocalle fauve

Pennisetum 'Hameln'

EMPREINT DE ROMANTISME

Au printemps 1997, M. et Mme Dorais font appel à mes services. Ils sont alors propriétaires d'une charmante résidence de style victorien située dans une municipalité de l'ouest de l'île de Montréal. Leurs exigences sont très simples : je dois créer un jardin où il fait bon vivre et qui respecte le style de leur demeure. Dès les premiers instants de notre rencontre, je saisi qu'il me faut absolument réaliser ici un aménagement inspiré des jardins anglais typiques et qu'il doit s'en dégager beaucoup de poésie et de romantisme. C'était, selon moi, la seule façon de mettre la maison en valeur et de faire en sorte qu'elle soit parfaitement unie au jardin.

Mais comment donner une atmosphère romantique à un jardin ? D'abord, les feuillages légers et vaporeux comme celui des fougères ou de certaines vivaces, telle la barbe-de-bouc 'Kneiffii' (*Aruncus dioicus* 'Kneifii'), contribuent à donner une telle ambiance. Cependant, l'utilisation des couleurs rose, blanche et bleue à un degré de saturation très faible est probablement le meilleur moyen d'arriver à créer un jardin aux allures romantiques. Les fleurs aux teintes pastel touchent la sensibilité et invitent à l'émotion et à la rêverie. Comme la maison possède tout de même un aspect assez moderne, j'ai également choisi des couleurs plus pures et saturées pour donner une allure très actuelle au jardin. L'utilisation des violets et des pourpres avec quelques touches de jaune m'a permis d'apporter plus de dynamisme à cet aménagement et de donner beaucoup de puissance à certaines plantations.

Une autre exigence des propriétaires était d'avoir un jardin qui soit attrayant en toutes saisons. Bien que les moments où les floraisons sont plus intenses soient surtout situés au printemps et en été, l'intérêt est tout de même maintenu jusqu'à la fin de l'été et en automne avec l'utilisation de quelques plantes à floraison tardive telles que l'aster nain 'Royal Opal' (*Aster dumosus* 'Royal Opal'), l'astilbe de Chine 'Pumila' (*Astilbe chinensis* 'Pumila') et l'échinacée pourpre (*Echinacea purpurea*). Certains arbustes, comme l'amélanchier du Canada (*Amelanchier canadensis*), prennent également la vedette quand arrive le mois d'octobre alors que leur feuillage se colore de rouge et d'orange. La vie

▲ *Bien que ce banc en béton à la couleur et aux formes sobres s'intègre magnifiquement au jardin, la sanguisorbe (*Sanguisorba obtusa*) qui y retombe gracieusement allège tout de même sa masse. Grâce en partie à cette plante, ce coin du jardin est empreint d'une atmosphère très agréable qui pousse le visiteur à s'asseoir et à savourer la beauté des lieux.*

du jardin se poursuit même en hiver avec les fruits de certains arbustes et le feuillage persistant des conifères, dont le faux cyprès d'Hinoki 'Fernspray Gold' (*Chamaecyparis obtusa* 'Fernspray Gold'), magnifique lorsque son feuillage doré ressemblant à celui des fougères se couvre d'une fine couche de neige. L'utilisation de plusieurs plantes vivaces à floraison prolongée, comme la campanule des Carpates 'Blaue Clips' (*Campanula carpatica* 'Blaue Clips', syn. 'Blue Clips'), le coréopsis verticillé 'Moonbeam' (*Coreopsis verticillata* 'Moonbeam'), le géranium sanguin (*Geranium*

sanguineum), la népète 'Blue Wonder' (*Nepeta* x *faassenii* 'Blue Wonder') et la scabieuse 'Butterfly Blue' (*Scabiosa* 'Butterfly Blue'), permet d'apporter de la couleur dans cet aménagement paysager en dehors des périodes de floraison plus intense.

▲ *Un cultivar d'heuchère au feuillage pourpre nommé 'Regal Robe'* (Heuchera *'Regal Robe') revient à plusieurs endroits dans cet aménagement. Cette plante aux caractéristiques très frappantes agit comme un lien entre les différentes parties de ce jardin. Elle contribue donc à unifier l'ensemble des plantations et à donner l'impression qu'elles forment un tout. Dans cette composition, la jolie heuchère est accompagnée du géranium sanguin* (Geranium sanguineum) *et de la scabieuse 'Butterfly Blue'* (Scabiosa *'Butterfly Blue'). À l'arrière est planté le superbe rosier 'Monte Cassino'* (Rosa rugosa *'Monte Cassino') dont les fleurs sont d'un rose très foncé.*

Cet aménagement paysager est bien structuré par la présence de plusieurs arbustes feuillus et de conifères. Ces arbustes aux teintes variées permettent de mettre en évidence les floraisons des différentes vivaces. Associées au feuillage doré du thuya 'Dart's Gold' ainsi qu'au feuillage pourpre du weigéla 'Victoria', les fleurs bleues du géranium 'Johnson's Blue' semblent plus intenses et sont plus visibles que si elles étaient placées devant un fond vert.

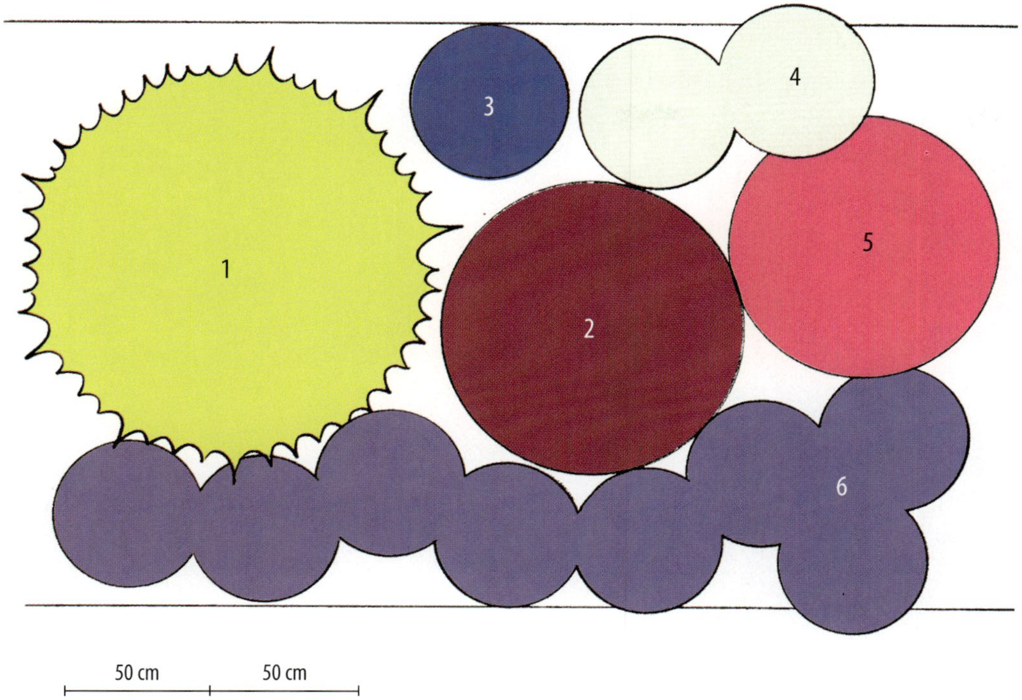

1. Cèdre ou thuya occidental 'Dart's Gold' (*Thuya occidentalis* 'Dart's Gold')
2. Weigéla 'Victoria' (*Weigela* 'Victoria')
3. Campanule à larges feuilles 'Macrantha' (*Campanula latifolia* 'Macrantha')
4. Aconit à fleurs blanches (*Aconitum* x *cammarum* 'Grandiflorum Album')
5. Rosier rugueux 'Monte Cassino' (*Rosa rugosa* 'Monte Cassino')
6. Géranium 'Johnson's Blue' (*Geranium* 'Johnson's Blue')

Rosier rugueux 'Monte Cassino'

Campanule à larges feuilles 'Macrantha'

Géranium 'Johnson's Blue'

Dans cette composition originale et haute en contrastes, les fleurs blanches du penstémon 'Husker Red' intensifient le violet très foncé de la sauge 'Mainacht' et modèrent l'effet très puissant du rouge foncé du lis 'Red Night'.

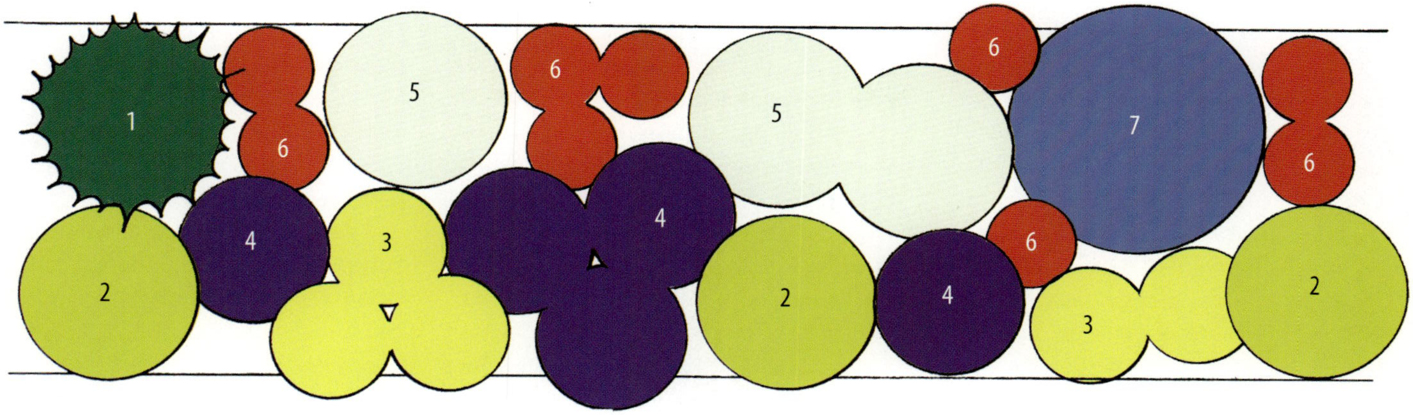

1. If 'Flushing' (*Taxus* x *media* 'Flushing'), peut être remplacé par l'if 'Hicksii' (*Taxus* x *media* 'Hicksii')
2. Alchémille (*Alchemilla mollis*)
3. Coréopsis verticillé 'Moonbeam' (*Coreopsis verticillata* 'Moonbeam')
4. Sauge 'Mainacht' (*Salvia* x *sylvestris* 'Mainacht', syn. 'May Night')
5. Penstémon 'Husker Red' (*Penstemon digitalis* 'Husker Red')
6. Lis 'Red Night' (*Lilium* 'Red Night')
7. Pérovskie à feuilles d'arroche (*Perovskia atriplicifolia*)

Coréopsis verticillé 'Moonbeam'

Penstémon 'Husker Red'

Sauge 'Mainacht'

Pérovskie à feuilles d'arroche

Le jardin anglais

Sous le règne de la reine Victoria, de 1837 à 1901, les jardins anglais ont subi une métamorphose sans précédent. À cette époque, plusieurs explorateurs effectuent des voyages dans les colonies anglaises et en rapportent une foule de végétaux tous plus exotiques les uns que les autres. Parmi ces découvertes, on trouve parfois des plantes vivaces bien adaptées au climat de l'Europe du Nord. Avec leur floraison spectaculaire et leur longévité dépassant même parfois celle des humains, les vivaces intéressent aussitôt les jardiniers. C'est le début du règne des fleurs dans les jardins.

En 1870, William Robinson, alors correspondant à Paris pour le journal *Time*, publie un livre intitulé *Le jardin sauvage* et, un peu plus tard, *Le jardin anglais*. Il adore les plantes indigènes qui poussent dans les campagnes et les récolte pour les implanter dans divers jardins qu'il crée. Selon lui, les plantes doivent être utilisées principalement en fonction de leur couleur, de leur forme et de leur port ; ce sont elles qui doivent déterminer l'aménagement d'un jardin. Dans ses créations, comme dans bien des jardins anglais, Robinson recherche, dans le choix et la disposition des végétaux, un reflet de la spontanéité de la nature.

Durant cette même période, Gertrude Jekyll, peintre de talent, se passionne pour l'art d'aménager les jardins. Contrairement à Robinson, qu'elle admire néanmoins, elle ne se limite pas à l'utilisation des plantes indigènes dans ses aménagements, mais y introduit aussi des bulbes, des arbustes et surtout des vivaces. Grâce à ces végétaux variés, elle reproduit dans plusieurs jardins, qu'elle crée principalement entre 1890 et 1930, des scènes qui auraient pu être peintes sur des toiles. En utilisant généralement des harmonies de couleurs très douces, elle conçoit de longues plates-bandes, appelées *mixed-borders,* où les couleurs alternent en fonction des périodes de floraison et des hauteurs des plantes, sans oublier l'attrait que peut procurer certains feuillages. Elle possède une solide connaissance des caractéristiques des plantes — leur hauteur, leur forme, leur couleur, leur période de floraison — ce qui lui permet de créer des plantations où l'intérêt est maintenu de façon presque continue. Gertrude Jekyll a donné un essor extraordinaire aux jardins du XXe siècle. Elle a inspiré et inspire encore aujourd'hui plusieurs horticulteurs.

En 1911, Nathaniel Lloyd achète une jolie propriété située à Northiam, au sud de Londres, et nommée Great Dixter. Il demande à Edwyn Lutyens, un brillant architecte, d'aménager l'intérieur de la maison et de concevoir les principaux éléments du jardin. Gertrude Jekyll participe également à cette réalisation afin de sélectionner des végétaux. Œuvre impressionnante et originale, Great Dixter représente aujourd'hui le jardin anglais par excellence.

Par cette création et certaines autres, Lutyens contribue grandement à l'évolution des jardins anglais. En implantant certaines constructions faites de matériaux nobles comme la pierre et en utilisant judicieusement les arbres, les arbustes et les haies, il donne au jardin de Great Dixter une charpente permanente qui lui confère tout son charme et son caractère. Comme les pièces d'une maison, ce jardin est composé de plusieurs parcelles clairement séparées par des haies d'ifs (*Taxus* spp.). Cependant, les parties du jardin situées près des limites du terrain sont ouvertes sur la campagne avoisinante et s'y confondent. Un des éléments qui retiennent le plus l'attention, est une très longue plate-bande faisant face au verger. C'est là une des plantations les plus originales de toute l'Angleterre. Des contrastes de formes, de hauteurs et de couleurs très puissants donnent à cet aménagement une dynamique et un rythme sans pareils.

Scabieuse du Caucase 'Clive Greaves'
(Scabiosa caucasica *'Clive Greaves'*)

INGÉNIEUX JARDINIERS

Un sentiment de bien-être s'est emparé de moi lorsque j'ai visité le jardin de Louis et Jeanne Authier pour la première fois. Je me suis senti aussi bien que si j'étais dans mon propre jardin. Je pense qu'à certains égards, ce jardin me ressemble et me convient. En m'y promenant, j'ai observé et appris beaucoup de choses, mais j'ai également découvert que les propriétaires avaient une vision de l'aménagement paysager assez semblable à la mienne.

Lorsque j'y suis retourné pour faire des photos, c'est Jeanne qui m'a accueilli. Tout en prenant quelques clichés, j'ai discuté avec elle. Quelle femme passionnée ! Elle m'a confié qu'elle éprouve un besoin irrésistible de se retrouver dans son jardin. Elle y travaille presque tous les jours et, parfois, elle se surprend même à y arracher quelques mauvaises herbes ou à éliminer les fleurs fanées alors qu'une autre activité importante l'attend.

Lorsque Louis et Jeanne ont fait l'achat de cette maison, ils comptaient y rester un certain temps seulement. Après quelques années, ils décident plutôt de la rénover entièrement et d'y rester plus longtemps. Leur demeure, alors recouverte de pierre, prend un tout autre aspect. À la suite des travaux de rénovation, elle possède une allure beaucoup plus moderne avec son parement de brique et de bois. Cette résidence, très singulière, forme un tout avec le jardin qui l'entoure ; elle semble en faire partie intégrante. Cela est dû en partie aux structures construites dans le jardin qui s'harmonisent à la maison.

Au centre du bassin se trouve une superbe fontaine entourée de pierres disposées pour former une sculpture. À l'arrière, on peut apercevoir un immense hosta 'Sum and Substance' (Hosta *'Sum and Substance') qui donne beaucoup de caractère et d'originalité à cet aménagement. D'ailleurs, toutes les plantes qui accompagnent ce bassin contribuent à lui donner un aspect très naturel.* ▶

◄ *Près de la maison, Louis a construit un grand patio en bois où est encastré un petit bassin de fibre de verre dans lequel il est possible de se baigner. À cause de sa couleur très foncée, ce bassin s'intègre bien à cette partie du jardin.*
*À ses côtés sont habilement disposés quelques pots plantés d'arbustes taillés et de plantes annuelles dont le fameux pennisetum (*Pennisteum setaceum*) à l'allure très caractéristique. Cette gracieuse graminée annuelle est plantée à plusieurs endroits sur le terrain, créant ainsi un lien entre les diverses parties de l'aménagement.*

*Une association superbe où le tendre feuillage de l'onoclée sensible (*Onoclea sensibilis*), une fougère qui apprécie le plein soleil si le sol reste constamment humide, contraste magnifiquement avec les feuilles panachées et très effilées de la glycérie aquatique 'Variegata' (*Glyceria aquatica *'Variegata').* ►

La teinte ainsi que la texture du bois et de la pierre utilisés dans l'aménagement paysager se combinent bien à celles des matériaux qui recouvrent la résidence.

Louis est particulièrement habile. Il a lui-même construit les structures de bois qui composent l'aménagement paysager. La pergola située au-dessus du patio de pierre adjacent à l'arrière de la maison témoigne bien de sa dextérité. Elle est constituée de trois poteaux. Le troisième supporte un côté du toit à lui seul : placé à une extrémité, il soutient l'autre extrémité par l'action d'un câble de métal. À la demande de Jeanne, Louis a également créé plusieurs supports pour les plantes grimpantes ou encore pour tuteurer des plantes vivaces qui s'écrasent. Particulièrement esthétiques, ils sont tous faits de cuivre.

Bien que les propriétaires aient aménagé eux-mêmes une grande partie de leur jardin, ils ont tout de même fait appel au paysagiste Claude Girouard pour exécuter quelques travaux lourds. En plus d'avoir effectué certaines constructions et la plantation des arbres et des arbustes à l'avant de la résidence, il a réalisé un joli bassin entouré de plusieurs pierres plates dont les plus grandes atteignent un peu plus de 1 m de diamètre.

▲ *Le terrain de la façade de la maison constitue un bon exemple d'un aménagement bien structuré. Quelques arbres bien disposés, tels qu'un févier 'Sunburst'* (Gleditsia triacanthos *var.* inermis *'Sunburst') et une aralie du Japon* (Aralia elata) *au feuillage très gracieux, encadrent la maison sans l'écraser, la mettant ainsi en valeur.*

Louis et Jeanne apprécient beaucoup les feuillages. Cela se reflète bien dans leur jardin qui accueille plusieurs végétaux au feuillage attrayant. Divers arbustes feuillus et conifères ainsi que certaines vivaces telles que les hostas et les graminées contribuent à donner à ce jardin une charpente solide. De plus, la présence de ces plantes structurantes permet d'encadrer le jardin et de lui donner toute l'intimité voulue, ce qui lui confère une ambiance calme et propice à la détente.

Une composition très particulière et originale d'où se dégage beaucoup de légèreté et de mouvement grâce à l'aspect vaporeux des fleurs de la statice vivace et au feuillage panaché de la physostégie. Les fleurs roses dominent cette plantation, mais la présence des fleurs pourpres de la scabieuse annuelle 'Ace of Spades' apporte un certain contraste et crée un mariage surprenant avec les fleurs de l'échinacée.

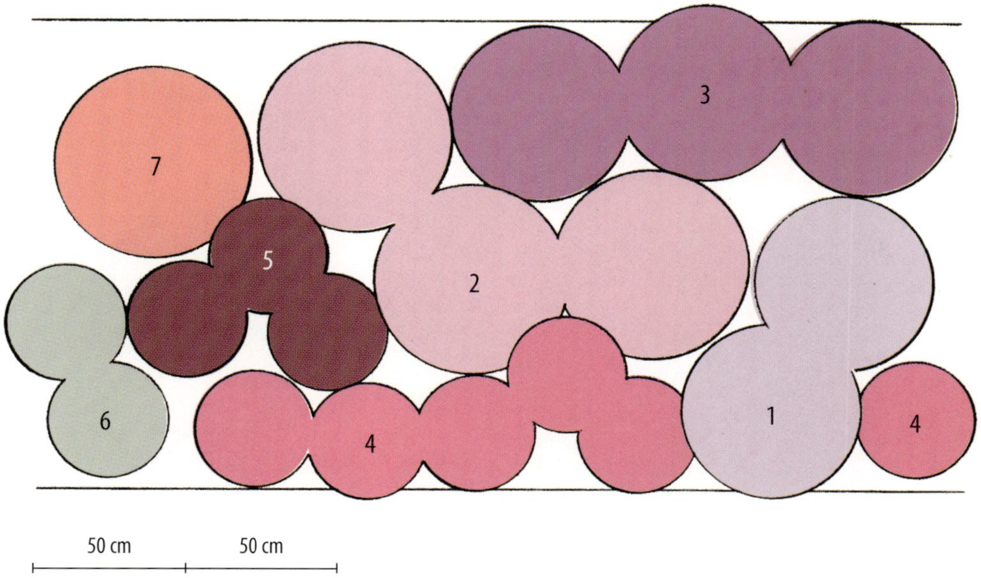

1. Statice (*Limonium latifolium*)
2. Échinacée pourpre (*Echinacea purpurea*)
3. Physostégie à feuillage panaché (*Physostegia virginiana* 'Variegata')
4. Coréopsis rose (*Coreopsis rosea*)
5. Scabieuse 'Ace of Spades' (*Scabiosa* 'Ace of Spades')
6. Épiaire (*Stachys byzantina*)
7. Orpin 'Brilliant' (*Sedum spectabile* 'Brilliant')

Orpin 'Brilliant'

Épiaire

Échinacée pourpre

Coréopsis rose

LES ZONES DE RUSTICITÉ DANS L'EST DU CANADA

◄ *Adonis du printemps* (Adonis vernalis)

Les conditions environnementales qui influencent la survie des plantes sont très différentes d'une région à l'autre. Afin de caractériser et de mieux distinguer le climat des diverses régions qui composent le Canada, un système de zones de rusticité a été créé en 1967 par deux chercheurs. MM. Ouellet et Sherk ont établi ces zones en tenant compte des températures minimales moyennes, de la durée de la période sans gel, des précipitations estivales, de l'épaisseur de la couverture de neige et de la vitesse des vents. L'est du Canada est divisé en huit zones qui s'échelonnent de 0 à 7, les conditions les plus clémentes se situant en zone 7. Chaque zone est elle-même divisée en deux sections, a et b, cette dernière étant la plus tempérée. Par exemple, la zone 5b, qui englobe la grande région de Montréal, est plus chaude que la zone 5a, qui couvre les régions voisines. Lorsqu'un chiffre n'est pas suivi d'une lettre, il indique la zone la plus froide, soit la zone a.

Les études de ces deux chercheurs ont également permis de déterminer la capacité de plusieurs plantes ornementales à résister aux intempéries. Certaines plantes, bien adaptées au froid, peuvent survivre dans les zones 0, 1 et 2, tandis que d'autres nécessitent un climat plus doux et beaucoup de lumière pour produire les fleurs et les fruits qu'on attend d'elles. Lorsqu'une plante est rustique en zone 4, par exemple, elle peut être utilisée tant dans cette zone que dans les zones 5, 6 et 7 ; il est cependant très difficile, voire impossible de la cultiver en zones 1, 2 et 3.

Bien que ce système de zonage soit un outil fort utile pour les jardiniers, il a tout de même certaines limites. D'abord, il ne tient pas compte des microclimats régionaux ni des caractéristiques du sol. Par ailleurs, je crois que MM. Ouellet et Sherk n'ont pu évaluer adéquatement la rusticité des plantes pour toutes les régions du Canada. Par exemple, sur les 108 stations où les études ont été menées, 15 seulement étaient situées au Québec. Tout récemment, le Réseau d'essais des plantes ligneuses ornementales du Québec (REPLOQ) a fait une évaluation du potentiel de rusticité de plusieurs végétaux ornementaux. Les résultats qui ressortent de ces études apportent parfois de sérieuses modifications au zonage établi par Ouellet et Sherk. Enfin, ce système de zonage ne tient pas suffisamment compte, à mon avis, de l'épaisseur et de la constance de la couverture de neige. Plusieurs végétaux qui sont à la limite de leur rusticité au Québec, comme certains rhododendrons à grandes feuilles (*Rhododendron* spp.) et certains hortensias (*Hydrangea macrophylla*) à grandes feuilles, survivent plus facilement dans la région de Québec que dans la région de Montréal qui est pourtant plus chaude. Comme le couvert de neige est constant et plus épais à Québec qu'à Montréal, les plantes sont mieux protégées des vents hivernaux desséchants.

Ce système de zones demeure tout de même une bonne référence, mais le meilleur moyen de vérifier la rusticité des plantes est sans doute de réaliser vos propres essais. Vous pouvez également améliorer le climat qui prévaut sur votre terrain de façon à pouvoir y cultiver des végétaux moins rustiques en plantant un brise-vent. Une haie mixte composée de conifères, d'arbustes bas et d'arbustes à plus grand développement offre une excellente protection contre les vents, diminue les écarts de température et favorise l'accumulation de neige.

TABLEAU 15

Quelques villes de l'est du Canada et leur zone de rusticité

Alma	3a	Montmagny	4a
Baie-Comeau	3a	Montréal	5b
Beauport	4b	Ottawa	5a
Bécancour	4a	Percé	4a
Brossard	5b	Plessisville	4a
Campbellton	4b	Québec	4b
Charlesbourg	4b	Repentigny	5b
Charlottetown	5b	Rimouski	4a
Châteauguay	5b	Rivière-du-Loup	4a
Chibougamau	1b	Roberval	3a
Chicoutimi	3b	Rouyn-Noranda	2a
Cowansville	4b	Sainte-Agathe	4a
Drummondville	5a	Sainte-Thérèse	5b
Fredericton	5a	Saint-Eustache	5b
Gaspé	4a	Saint-Georges	4a
Gatineau	5a	Saint-Jean, N.-B.	5a
Granby	4b	Saint-Jean-sur-Richelieu	5a
Grand-Mère	4a	Saint-Jérôme	5a
Halifax	6a	Saint-Hyacinthe	5a
Hull	5a	Sept-Îles	3a
Îles-de-la-Madeleine	5a	Shawinigan	4a
Joliette	4b	Sherbrooke	4b
Jonquière	3b	Sorel	5a
Kingston	5b	St-John's	5b
La Malbaie	4a	Sudbury	4a
La Pocatière	4a	Sydney	6a
La Tuque	3a	Thetford Mines	4a
Lachute	5a	Thunder Bay	2b
Laval	5b	Toronto	6b
Lévis	4b	Trois-Rivières	4b
London	6a	Val-d'Or	2a
Longueuil	5b	Valleyfield	5b
Magog	4b	Vaudreuil	5b
Matane	4a	Victoriaville	4b
Moncton	5a	Windsor	7a
Mont-Laurier	3b	Yarmouth	6b

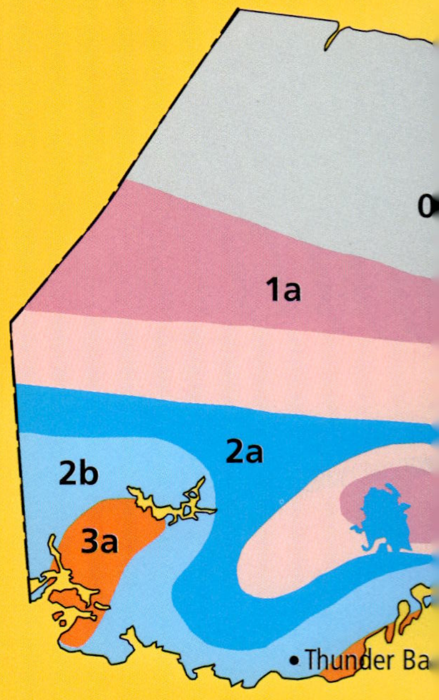

Les zones de rusticité

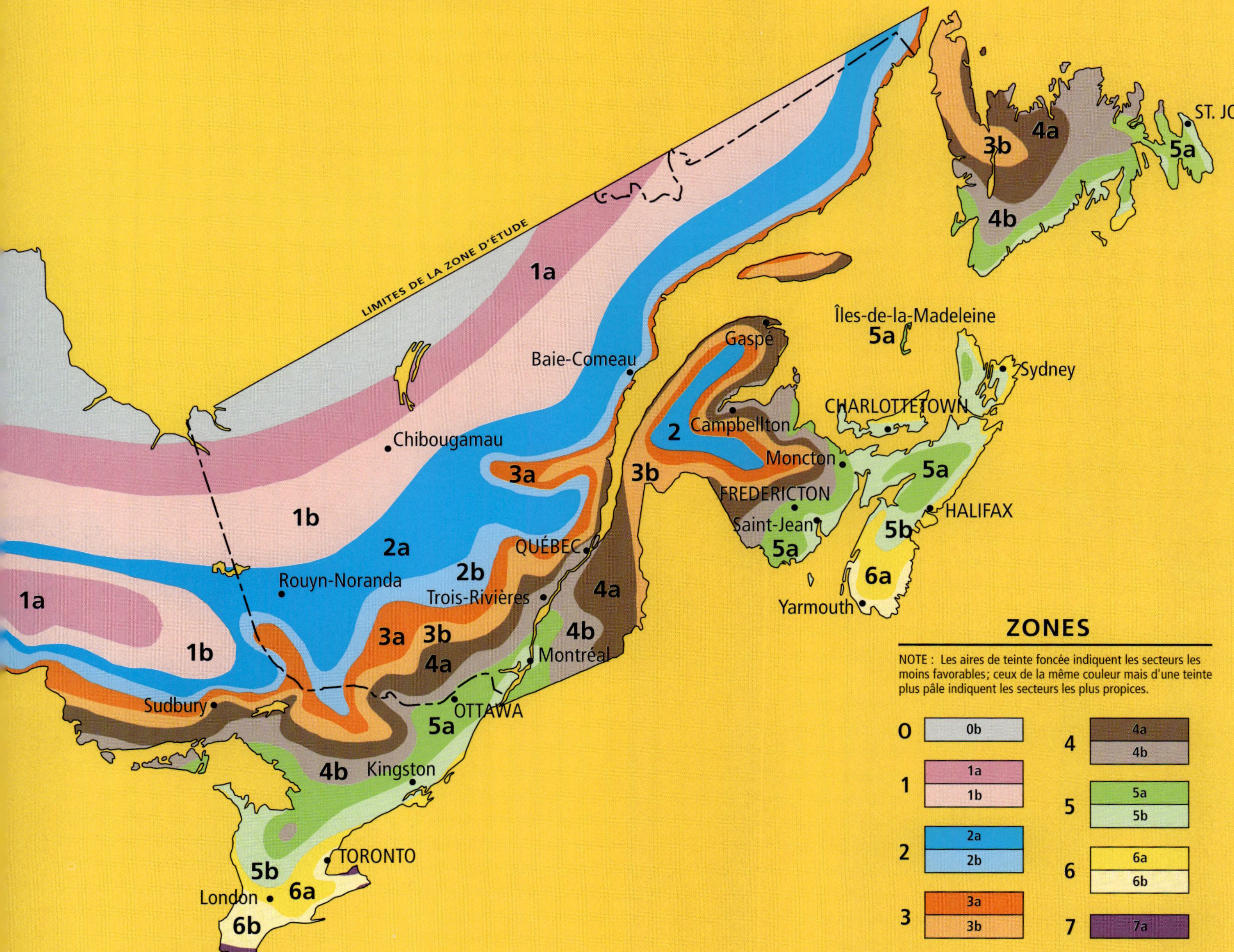

SOURCE : Centre de recherches sur les terres, Agriculture Canada. Tiré de renseignements fournis par la station de recherches d'Ottawa et le service de la météorologie, Environnement Canada.

BIBLIOGRAPHIE

BALL, Jeff, et BALL, Liz. *Rodale's Landscape Problem Solver,* Emmaus, Rodale Press, 1989.

BATH, Trevor, et JONES, Joy. *The Gardener's Guide to Growing Hardy Geraniums,* Portland, Timber Press, 1994.

BERNATCHEZ, François, *et al. Pour une façade réussie,* Saint-Nicolas, Éditions Multimondes, 1992.

BILLINGTON, Jill. *Using Foliage Plants in the Garden,* Londres, Ward Lock, 1994.

BLOOM, Adrian. « Aspiring Elegance », *The Garden,* vol. 123, nº 7, juillet 1998, pp. 496-501.

BRIDWELL, Ferrell. *Landscape Plants,* Albany, Delmar Publishers, 1994.

CARR, Anna, *et al. Rodale's Chemical-Free Yard and Garden,* Emmaus, Rodale Press, 1991.

COMBES, Allen. *Dictionary of Plant Names,* Portland, Timber Press, 1985.

CONDER, Susan. *Variegated Leaves,* New York, Macmillan Publishing Company, 1993.

COX, Jeff. *Plant Marriages,* New York, HarperCollins Publishers, 1993.

DANSEREAU, Julie. « Bâtiments et jardins », *Québec Vert,* vol. 17, nº 11, novembre 1995, pp. 7-20.

DANSEREAU, Julie. « L'aménagement des petits jardins », *Québec Vert,* vol. 15, nº 10, octobre 1993, pp. 6-19.

DEA, Gérard. « Le blanc, source de lumière », *Côté jardins d'ici et d'ailleurs,* vol. 1, nº 2, été 1998, pp. 70-73.

DEA, Gérard. « Le jaune : chaleur et gaieté ! », *Côté jardins d'ici et d'ailleurs,* vol. 1, nº 3, automne 1998, pp. 50-54.

DEA, Gérard. « Roi, le bleu ? », *Côté jardins d'ici et d'ailleurs,* vol. 1, nº 1, printemps 1998, pp. 64-67.

DRUSE, Ken. *The Natural Shade Garden,* New York, Clarkson Potter Publishers, 1992.

DUMONT, Bertrand. *Guide des végétaux d'ornement pour le Québec,* tome 1 : *Les conifères et les arbustes à feuilles persistantes,* La Prairie, Éditions Marcel Broquet, 1987.

DUMONT, Bertrand. *Guide des végétaux d'ornement pour le Québec,* tome 2 : *Les arbres feuillus,* La Prairie, Éditions Marcel Broquet, 1989.

DUMONT, Bertrand. *Guide des végétaux d'ornement pour le Québec,* tome 3 : *Les arbustes,* La Prairie, Éditions Marcel Broquet, 1992.

FESSLER, Alfred. *Le jardin de plantes vivaces,* Paris, Éditions Eugen Ulmer, 1995.

FORTIN, Daniel. « Les vivaces tapissantes et couvre-sol », *Québec Vert,* vol. 16, nº 2, février 1994, pp. 7-31.

FORTIN, Daniel. *Plantes vivaces pour le Québec,* tome 1, Saint-Laurent, Éditions du Trécarré, 1993.

FORTIN, Daniel. *Plantes vivaces pour le Québec,* tome 2, Saint-Laurent, Éditions du Trécarré, 1994.

FORTIN, Daniel. *Plantes vivaces pour le Québec,* tome 3, Saint-Laurent, Éditions du Trécarré, 1996.

GAUDET, Martin. *Les arbres de Montréal,* Montéal, Éditions Fides, 1997.

GIGUÈRE, René. « La culture des plantes alpines et de rocaille », *Quatre-Temps,* vol. 22, nº 1, printemps 1998, pp. 29-34.

HANSEN, Richard et STAHL, Friedrich. *Les plantes vivaces et leurs milieux,* Stuttgart, Éditions Eugen Ulmer, 1992.

HILLIER, Malcom. *Fleurs et plantes au fil des saisons,* Montréal, Les Éditions Hurtubise HMH, 1995.

HOBHOUSE, Penelope. « Penelope Hobhouse on Structure », *Garden Design,* juin-juillet 1996, pp. 64-71.

HOBHOUSE, Penelope. *Colour in your Garden,* Londres, Collins, 1985.

HOBHOUSE, Penelope. *Flower Gardens,* Londres, Frances Lincoln, 1991.

HOBHOUSE, Penelope. *On Gardening,* New York, Macmillan Publishing Company, 1994.

HUNTINGTON, Lucy. « For Every Plant, a Place », *The Garden,* vol. 122, nº 2, février 1997, pp. 80-83.

JEKYLL, Gertrude. *Colour Schemes for the Flower Garden,* Londres, Frances Lincoln, 1992.

JESIOLOWSKI, Jill. « How and When to Water », *Organic Gardening,* vol. 39, nº 4, avril 1992, pp. 38-40.

KEEN, Mary. *Gardening With Color,* New York, Random House, 1991.

KELLY, John. *Foliage in your Garden,* New York, Penguin Books, 1988.

LABRECQUE, Michel. « Les arbres dans les centre-villes : possible ou pas ? », *Quatre-Temps,* vol. 17, nº 4, hiver 1993, pp. 30-33.

LACOURSIÈRE, Estelle et THERRIEN, Julie. *Fleurs sauvages du Québec,* Montréal, Les Éditions de l'Homme, 1998.

LALIBERTÉ, Guy, *et al.* *Cahier des normes en aménagement paysager,* Sainte-Foy, Association des Paysagistes Professionnels du Québec, 1994.

LAMOUREUX, Gisèle, *et al.* *Fougères, prêles et lycopodes,* Saint-Henri-de-Lévis, Fleurbec auteur et éditeur, 1993.

LAMOUREUX, Gisèle, *et al.* *Plantes sauvages des villes et des champs,* vol. 1, Saint-Henri-de-Lévis, Fleurbec auteur et éditeur, 1978.

LAMOUREUX, Gisèle, *et al.* *Plantes sauvages des villes, des champs et en bordure des chemins,* vol. 2, Saint-Augustin, Fleurbec auteur et éditeur, 1983.

LAMOUREUX, Gisèle, *et al.* *Plantes sauvages printanières,* Saint-Augustin, Fleurbec éditeur, 1975.

LAWSON, Andrew. *The Gardener's Book of Colour,* Londres, Frances Lincoln, 1996.

LESLIE, Alan. « Tempting Treats », *The Garden,* vol. 123, nº 9, septembre 1998, pp. 660-663.

LIBERTY HYDE BAILEY HORTORIUM, personnel du. *Hortus Third,* Ithaca, Cornell University Press, 1976.

LOGAN, William Bryant. « Get Some Manure Into your Life ! », *Organic Gardening,* vol. 39, nº 4, avril 1992, pp. 34-37.

MARIE-VICTORIN, Frère. *Flore Laurentienne,* 3e édition, Montréal, Les Presses de l'Université de Montréal, 1995.

MATTERN, Vicki. « The OG guide to organic fertilizers », *Organic Gardening,* vol. 43, nº 5, mai-juin 1996, pp. 55-59.

MAUBACK, Anja. « Life Among the Flowers », *The Garden,* vol. 122, nº 2, février 1997, pp. 110-115.

MCGRATH, Mike, *et al.* « Get your Soil Tested », *Organic Gardening,* vol. 43, nº 4, avril 1996, pp. 30-45.

MEYER, Scott. « What do you Feed a Hungry Lawn ? », *Organic Gardening,* vol. 42, nº 5, mai-juin 1995, pp. 46-48.

MUNGALL, Constance, *et al.* *La terre en péril,* Ottawa, Les Presses de l'Université d'Ottawa, 1990.

OTIS, Michel André. « Des plantes pour l'ombre », *Québec Vert,* vol. 17, nº 3, mars 1995, pp. 6-28.

OTIS, Michel André. « Les astilbes de A à Z », *Québec Vert,* vol. 19, nº 1, janvier-février 1997, pp. 6-21.

OTIS, Michel André. « Les plantes de sous-bois », *Cahier des conférences du colloque Les vivaces l'entretien et l'utilisation,* Saint-Hyacinthe, IQDHO, 1994.

PEDNEAULT, André. « Farine de sang, farine de plume et produits apparentés », *Québec Vert,* vol. 16, nº 9, septembre 1994, pp. 44-45.

PEDNEAULT, André. « L'utilisation du compost en horticulture ornementale », *Québec Vert,* vol. 16, nº 10, octobre 1994, pp. 6-20.

PEDNEAULT, André. « L'utilité des extraits d'algues », *Québec Vert,* vol. 16, nº 4, avril 1994, pp. 48-50.

PEDNEAULT, André. « Les paillis organiques et la fertilisation », *Québec Vert,* vol. 15, nº 11, novembre 1993, pp. 48-50.

PEDNEAULT, André. « Os fossiles ou os moulus ? », *Québec Vert,* vol. 16, nº 6, juin 1994, pp. 47-48.

PHILLIPS, Ellen, et BURRELL, C. Colston. *Rodale's Illustrated Encyclopedia of Perennials,* Emmaus, Rodale Press, 1993.

PHILLIPS, Roger, et RIX, Martyn. *The Random House Book of Perennials,* vol. 1 : *Early Perennials,* New York, Random House, 1991.

PHILLIPS, Roger, et RIX, Martyn. *The Random House Book of Perennials,* vol. 2 : *Late Perennials,* New York, Random House, 1991.

PHILLIPS, Roger, et RIX, Martyn. *The Random House Book of Shrubs,* New York, Random House, 1989.

POLIQUIN, André. « Les clématites », *Québec Vert,* vol. 16, nº 1, janvier 1994, pp. 6-31.

POLIQUIN, André. *Les clématites,* Saint-Laurent, Éditions du Trécarré, 1995.

RENAUD, Michel. « Des conseils pratiques pour la vente de paillis », *Québec Vert,* vol. 19, nº 9, septembre-octobre 1997, pp. 8-12.

RENAUD, Michel. « En un coup d'œil », *Québec Vert,* vol. 19, nº 9, septembre-octobre 1997, pp. 16-17.

RENAUD, Michel. « L'utilisation du compost en horticulture ornementale », *Québec Vert,* vol. 16, nº 10, octobre 1994, pp. 28-36.

RICHER-LECLERC, Claude, *et al.* *Rusticité et croissance de plantes ligneuses ornementales au Québec,* tome 1, Sainte-Foy, Conseil des productions végétales du Québec, 1995.

RICHER-LECLERC, Claude, *et al.* *Rusticité et croissance de plantes ligneuses ornementales au Québec,* tome 2, Sainte-Foy, Conseil des productions végétales du Québec, 1997.

ROTH, Susan. *The Four-Season Landscape,* Emmaus, Rodale Press, 1994.

SCHMID, W. George. *The Genus Hosta,* Portland, Timber Press, 1991.

SOLTNER, Dominique. *Les bases de la production végétale,* 18e édition, Sainte-Gemme-sur-Loire, Sciences et techniques agricoles, 1990.

TAYLOR, Jane. *Les jardins à l'ombre,* Paris, Éditions Hatier, 1993.

THURMAN, Peter. « Framing the Painting », *The Garden,* vol. 123, nº 2, février 1998, pp. 110-115.

THURMAN, Peter. « Room to Grow », *The Garden,* vol. 122, nº 3, mars 1997, pp. 172-175.

VERNON, Jean. « Breeches and Bleeding Hearts », *The Garden,* vol. 122, nº 5, mai 1997, pp. 320-323.

WALTER, Kerry, *et al.* *1997 IUCN Red List of Threatened Plants,* Cambridge, IUCN Publications Services, 1998.

INDEX

A

TABLE DES

MATIÈRES

Ce livre a été produit grâce au système d'imagerie au laser
des Éditions de l'Homme, lequel comprend :

Un digitaliseur Scitex Smart TM 720;

Les produits Kodak;

Les ordinateurs Apple inc.;

Le serveur Intergraph distribué par Aldin graphiques inc.;

Le processeur d'images RIP 50 PL2 combiné avec
la nouvelle technologie Lino Dot® et Lino Pipeline® de Linotype-Hell®.

Lithographié sur papier Warrenflo 180 M
et achevé d'imprimer au Canada
sur les presses de l'imprimerie Friesens.